pausa

Danielle Marchant

Cómo pulsar el botón
de pausa antes de que
la vida te la imponga

pausa

Danielle Marchant

Cómo pulsar el botón
de pausa antes de que
la vida te la imponga

5 tintas

La edición original de esta obra ha sido publicada en el Reino Unido en 2017
por Aster, sello editorial de Octopus Publishing Group Ltd, con el título

Pause

Traducción del inglés **Gemma Fors**

Consultora de edición: Kate Adams
Dirección de arte: Yasia Williams-Leedham
Edición sénior: Alex Stetter
Corrección de originales: Caroline Taggart
Diseño: Nicky Colllings, Geoff Fennell
Dirección de producción: Caroline Alberti

Impreso en China
Depósito legal: B 22.208-2017
Código IBIC: VFJS — VSPM

ISBN 978-84-16407-39-2

Contenidos

Introducción
• • •

El respiro que
te mueres por tomarte

Hoy, para muchos de nosotros, la vida se ha convertido en un párrafo seguido sin puntuación. Ir venir conducir dormir repetir sin parar. Nuestros niveles diarios y continuos de estrés y ajetreo agotan nuestros recursos internos y nuestro amor por la vida. Nos encontramos desequilibrados, a menudo exhaustos; incluso las vacaciones solo parecen permitirnos volver a ser nosotros mismos de una manera superficial. Enseguida nos enfadamos, impacientamos y frustramos por cosas que en realidad no son importantes, o es posible que sintamos durante todo el día un desánimo o angustia que nos pesa y nos hace sentir atados sin que sepamos cómo romper el patrón al que nos hemos acostumbrado.

Las consecuencias de correr durante demasiado tiempo sin fuerzas se dejan notar en las relaciones, el trabajo y la actitud ante la vida. Podemos perder la alegría, indignarnos con rapidez, comer mal, experimentar cada vez más dificultades a la hora de levantarnos por la mañana o carecer de inspiración. Cuando nos olvidamos de hacer una pausa y respirar, las cosas dejan de tener sentido.

La pausa es el punto y aparte que nos permite plantearnos la siguiente frase de nuestra vida. En este espacio radica la oportunidad de reflexionar, tal vez llevar a cabo una transición o un cambio, o simplemente comprender el siguiente paso. Es un momento para detenerse y ver qué surge. Imagina que lees una página de un libro sin hacer ninguna pausa. Las palabras se mezclarán unas con otras y nada tendrá sentido. No habrá ocasión de pararse a respirar, ni de reflexionar sobre lo que lees, ni de absorber la información o la historia. La mayoría de nosotros vivimos partes significativas de nuestra vida así. Una existencia que, sin puntos y aparte, nos sobrepasa o transcurre vacía de significado.

Si sigues este viaje, tendrás ocasión de **despertar** del duermevela de la supervivencia y volver a experimentar la vida con plenitud.

Tras recuperarme de padecer síndrome de desgaste profesional en 2012, creé los retiros de Pausa como santuario, un lugar donde escapar cuando uno no sabe a qué recurrir. Los retiros ofrecen espacio y tiempo simplemente para volver a ser uno mismo. No se pide nada. No hay responsabilidades. No hay nada que hacer ni tampoco nadie que nos necesite. Estos retiros son un espacio para volver a conectar con uno mismo, reflexionar sobre en qué lugar de nuestra experiencia vital nos encontramos, sobre lo que funciona y los reajustes que necesitamos realizar. En el espacio de Pausa invitamos al afloramiento de las preguntas que deben plantearse si ha llegado su momento. Los retiros de Pausa ofrecen la oportunidad de permanecer quieto en este mundo que va tan rápido para poder empezar a escuchar y confiar en nuestra propia sabiduría por encima del ruido de los demás.

El libro como retiro

No todo el mundo puede, ni siquiera quiere, acudir a un retiro. A veces, las presiones del hogar o del trabajo son excesivas, o tal vez no sea un buen momento. Quizá no podamos viajar, la inversión económica nos parezca demasiado grande, o la perspectiva de reducir la velocidad y hacer una pausa nos resulte abrumadora. O tal vez no te lo hayas planteado; yo no lo hice hasta que me derrumbé: no era consciente de que una pausa podía ser una medida preventiva.

Si no crees que necesitas un paréntesis, o aunque te los procures en tu día a día, quiero que consideres este libro como

Pausa te ofrece una orientación y una estructura que puedes seguir o de la cual puedes entrar y salir.

tu retiro privado. Un lugar al que puedas recurrir cuando te sientas perdido, ansioso, confundido. O abrumado, ocupado y estresado. Un lugar donde sientas que recibes apoyo y guía. Este libro te ayudará a ralentizar el ritmo, sintonizarte y reequilibrarte; al hacerlo, volverás a escuchar tu voz interior y tú mismo te guiarás en la vida por el mejor camino posible.

Pausa te ofrece una orientación y una estructura que puedes seguir o de la cual puedes entrar y salir. La decisión es tuya y lo que hagas será lo correcto. En un mundo ideal establecerías un espacio tranquilo mientras contemplas las ideas del libro. Cojines cómodos, velas y música relajante. Pero seamos realistas, la vida pocas veces es ideal. No esperes a que llegue el momento perfecto para leer el libro, ¡habrá tan pocos! Encuentra un rato de camino al trabajo, lee un poco mientras remueves la salsa para la cena, u hojéalo en la cama hasta que te quedes dormido. Lo que te vaya mejor. Así se realizan las pausas: encontrando esos momentos en que podemos tomarnos un respiro del trajín diario y recuperarnos hasta que se conviertan en una rutina habitual y aprendamos a incorporarlos a nuestro ritmo de vida de forma natural.

Recuerda que la vida es desorden, pero un desorden perfecto.

La pausa es el momento en
que nos damos permiso para
desenmarañarnos poco a poco.

Entonces ¿qué es una pausa?

Cuando realizamos una pausa, nos damos tiempo para pensar y espacio para respirar con el fin de examinar nuestro proceso de toma de decisiones y preguntarnos si nos gustaría tomar algunas nuevas. La pausa nos permite respirar hondo y desentrañar poco a poco las hebras que tejen nuestro desasosiego para que aflore la gran cuestión que precisa nuestra atención. Es el recordatorio de todo lo bueno que hay en nuestra vida, aquello que enciende nuestra pasión, las personas que nos inspiran y con quienes conectamos. Es el espacio en que podemos relajarnos, jugar, explorar y permitir la llegada de nuevas oportunidades. La pausa es el momento en que nos damos permiso para desenmarañarnos poco a poco. Es un espacio seguro donde podemos soltar el dolor y la pena y abrirnos a nuestros deseos.

Si somos capaces de mantenernos abiertos y escuchar los mensajes que nos envían nuestro cuerpo, mente, alma y vida, podremos aprender a verlos venir y desarrollar las herramientas necesarias para utilizarlos como señales. Así, aprenderemos a pulsar el botón de pausa antes de que la vida lo haga por nosotros. La pausa se convierte en una práctica que podemos llevar a cabo desde un lugar de conexión interior, en vez de hacerlo desde el miedo, el pánico o la ansiedad. Llega a ser entonces una tónica diaria, una fuente de alimentación. No siempre resulta fácil, porque las sombras forman parte de nuestra vida tanto como la luz, pero si mantenemos la curiosidad y la atención, nos daremos la oportunidad de regresar a nuestro estado natural de equilibrio.

Donde hay perfección, no hay nada que contar.

Del mismo modo que cada individuo llega al retiro con energías diferentes —unos lo hacen tensos, otros con pánico a llegar tarde o a tomarse un día libre, algunos exhaustos y sintiéndose vulnerables, y otros más con la sensación de estar preparados–, también cada lector se hallará en un punto diferente al leer estas líneas iniciales. Y este preciso momento de revisión y de preguntarte a ti mismo cómo estás es algo a lo que tal vez no estés acostumbrado. Eso es la pausa, porque si nunca te has parado a preguntarte qué tal te va, en ningún momento sabrás de verdad hacia dónde te diriges.

En el presente libro ofreceré el proceso de pausa tal como lo planteo en los retiros y en mi coaching individualizado. Espero conseguir que halles espacio para:

- Reducir el ritmo para que puedas respirar completa y profundamente.
- Averiguar qué tal van las cosas, cuáles funcionan bien y cuáles requieren algo más de atención.
- Aprender a utilizar la sabiduría y la intuición para dirigir el inicio de la próxima frase de tu vida.

También deseo ofrecerte un conjunto de prácticas diarias que te permitirán tomar micropausas en momentos de sobrecarga y ejercicios a largo plazo diseñados para desarrollar la intuición, comprender los sueños y obtener energía.

Es importante que sepas que mi vida es perfecta aun con sus imperfecciones. Como tú, me hallo en mi propio viaje de descubrimiento. Las vueltas y revueltas inesperadas de la vida me han proporcionado innumerables ocasiones para aprender y ser consciente de mí misma. Espero que, de alguna manera, mi historia te permita bajar el ritmo, respirar y hacer una pausa. Espero que el presente libro te aporte el espacio necesario para estudiar tu propia vida, salud y bienestar, y si te va bien, que asistas en el futuro a uno de los retiros que se llevan a cabo en todo el mundo.

He experimentado problemas a diversos niveles, como la mayoría de nosotros, con la familia, el trabajo, la salud y la enfermedad, y como resultado de mis decisiones en la vida. Tardé un tiempo en darme cuenta de que estas situaciones, por difíciles que sean, son, de hecho, oportunidades para aprender que permiten mirarse a uno mismo bien, estudiar las propias motivaciones y ampliar la visión que se tiene del mundo. Desde la conciencia que he ido acumulando, he llegado a comprender que, en estas situaciones de cambios constantes, nada es más importante que bajar el ritmo. Creo que, a menos que nos esforcemos de forma activa en crear pausas naturales en este mundo imparable, acabaremos angustiados, insatisfechos, estresados y enfermos.

Cómo me siento cuando me tomo una pausa

Para ser sinceros, la idea de la pausa no me resulta natural. Tal vez este sea el motivo por el que me siento impelida a enseñarles a los demás cómo tomarlas, ya que me sirve de recordatorio constante de que hay que reducir el ritmo. Soy una persona con una gran capacidad de trabajo y un enorme deseo de marcar la diferencia. Me he pasado diez años desenmarañando los condicionantes que me ataban a un patrón concreto de trabajo.

Vengo de una familia de mujeres muy trabajadoras. Mi bisabuela, Olive, tuvo trece hijos. Entonces no era algo extraño, pero me cuesta comprender que su cuerpo soportara múltiples partos y pérdidas y mantuviera la fuerza hasta cumplir ochenta y largos. Es evidente que debía de ser una mujer extraordinaria.

Con semejantes antecedentes, era algo natural que yo comenzara a trabajar a los catorce años, mientras aún estudiaba. Empecé mi carrera laboral con dos trabajos. El patrón de mujer muy trabajadora continuó durante muchos años.

He tenido la fortuna de que, con los años, la vida me ha conducido a desarrollar el trabajo para el que estoy aquí y el cual adoro. Aprender a hacer pausas me ha refinado como persona y ha moldeado mi manera de vivir y trabajar. He descubierto un montón de cosas, especialmente acerca de mis límites y errores, además de a ser paciente. No suelen

El **patrón de mujer** muy trabajadora continuó durante muchos años.

gustarme esta clase de descubrimientos, pero he comenzado a aprender a escuchar a la vida, a sintonizar con los mensajes e instrucciones que me dirige. Cuando estoy ocupada y avanzo a toda máquina (lo cual, a veces, también es necesario), soy menos propensa a oír estas señales. Los mayores mensajes y señales de la vida tienden a llegar en períodos de calma.

Estas épocas suelen resultar incómodas. Deseo «hacer» algo, lo que sea. Pero cuanto más en calma estoy, más claro veo si debo hacer algo o dejar de hacerlo. Comprendo mejor la secuencia temporal de la vida, y ahora entiendo que suele avanzar más despacio que mi cerebro y mis deseos.

Cuando estoy en calma —algo que puede provocar una sensación de vacío—, me permito aceptar la incerteza de lo que pasará a continuación o en qué momento ocurrirá, entonces se produce el movimiento. Cuando esto sucede, la claridad con que se presenta es innegable. No dudo de mis decisiones; soy capaz de avanzar con confianza hasta el siguiente momento en que necesito ralentizar y realizar una nueva pausa...

Para quienes no se ven capaces de parar y para quienes no saben por dónde empezar

Pausa es un libro tanto para los valientes como para los espantados. *Pausa* es adecuado si la vida te ha lanzado un desafío y te enfrentas a una crisis como una pérdida, un divorcio o un despido; o si te ha hecho reaccionar con una enfermedad. Es un libro para ti si te sientes angustiado o quemado, o eres consciente de que llevas mucho tiempo en un estado de infelicidad o inmovilidad. *Pausa* es para líderes en el ámbito de los negocios y para padres que viven al borde del desgaste profesional, a sabiendas de que el viejo modelo ya no les funciona. Está destinado a maestros y profesionales de la salud que sienten que trabajan demasiado, están abrumados y experimentan una ansiedad constante. A creadores que se sienten frustrados o estancados, fuera de lugar en este mundo. A abogados y banqueros que saben que este ritmo no puede seguir, pero desconocen cómo parar. *Pausa* es para los curiosos, para la generación siguiente, que sabe que tiene que haber otra manera de vivir; y para todos aquellos que simplemente digan: «La vida tiene que ser algo más que esto».

En un mundo en que todo se basa en avanzar y hacer más, la pausa está diseñada para ayudar a retirar las capas de lo que «deberíamos» hacer y conseguir lo que de verdad importa. Gran parte de lo que vas a leer no te resultará nuevo; al fin y al cabo, la esencia de la pausa es sencilla, ¿acaso el mundo no es ya bastante complicado? Es posible que ya sepas lo que debes hacer, pero hacerlo cuando la vida es tan agitada no es fácil.

abrumado

frustrado

estancado

aburrido

vacío

ansioso

agotado

perdido

preparado

en crisis

ambivalente

«La vida tiene que ser
algo **más** que esto.»

He escrito este libro para ayudarte a que te permitas hacer una pausa, respirar y reprogramarte. Bajar el ritmo, aunque sea solo un poco, puede propiciar pequeños cambios en tu mundo interior. Al acallarse el ruido de dentro, el mundo de tu alrededor se hace reflejo de ello. La vida parece menos dura y todo fluye con más facilidad. La pausa te permite vivir como deseas, en lugar de soñar con ello indefinidamente. Aprender a hacer pausas te ayudará a sentir más claridad y libertad. Las grandes decisiones se vuelven menos abrumadoras y más manejables. Cuanto más quieto estés, más fácil resultará acceder a tu intuición y fluir con la vida en lugar de enfrentarte a ella. La contemplación de cuestiones que por lo general decidirías ignorar si vives con pánico y el tiempo que dediques a tus necesidades te permitirá ir aceptando mejor el punto de tu vida en que te encuentras. Esto, a su vez, conduce a una conciencia y comprensión de lo que necesitas.

Al combinar cabeza, corazón, cuerpo, emoción y espíritu, la pausa te invita a sintonizar de nuevo con la intuición y a guiarte tanto por la vida como por tu propia sabiduría interior. Si sigues este viaje, tendrás ocasión de despertar del duermevela de la supervivencia y volver a experimentar la vida con plenitud. Aprender a decir que no, hacer las cosas que nos satisfacen y descartar aquellas que nos desagradan no es ser autoindulgente; escuchar a tu corazón y tu cabeza no significa ser egoísta; ralentizar el ritmo de la vida para valorarla no es ser perezoso ni poco ambicioso. Se trata de un mensaje antiguo, pero muy vigente: cuando te tomas una pausa para cuidarte y cuidar de tu propia vida, te conviertes en la persona que siempre debiste ser.

Primera parte

•••

El poder de la pausa

Estoy en un campo con mi cuenco tibetano en una mano y los pinceles en la otra. En este momento me doy cuenta de que esto es una pausa. Un espacio en que la naturaleza nos abraza, el espíritu nos guía y la creatividad aflora. Un espacio en que volvemos a jugar, nos sentamos junto al agua para pintar una piedra, nos alimentamos con buena comida, nos reequilibramos, cavamos en la tierra y sentimos la brisa fresca en la piel...

La filosofía de la pausa es simple: cuanto más ajetreada es la vida y más caótico se vuelve el mundo, más necesitamos detenernos y comprobar que vamos por el buen camino. La pausa es una inspiración profunda que nos permite volver a conectar con nosotros mismos, para espirar escuchando nuestra propia sabiduría. Es un lugar de reflexión, conexión y sensatez. Voy a ayudarte a escucharte más a ti mismo.

Es fácil dejarse arrastrar por el ajetreo diario y caer en servir a los demás de tal modo que lleguemos a olvidar quiénes somos, por qué estamos aquí y qué anhela nuestro corazón. Pero la verdad es que si no nos detenemos y nos tomamos una pausa, la vida se encargará de hacerlo.

¿Qué es lo más grande de tu vida?

La idea de la pausa no va a decirnos qué hacer ni cómo
deberíamos ser, sino que nos ofrecerá el espacio y tiempo
para dejar de centrarnos en las obligaciones externas de
la vida diaria, nos ayudará a escuchar y luego a seguir los
propios ritmos interiores, la intuición y el instinto. Más que
indicar cómo deberíamos o no vivir, la pausa propicia que nos
formulemos preguntas como:

- ¿Qué necesito?
- ¿Qué me hace feliz?
- ¿Cómo me expreso en el mundo?
- ¿Qué conexión tengo con mi comunidad?
- ¿Cómo está mi salud?
- ¿Cómo creo mi equilibrio?

Estas son grandes cuestiones que, mientras intentamos seguir
el ritmo que nos marca nuestra vida exterior, no siempre
escuchamos. Se vuelven secundarias ante otras preguntas
como:

- ¿Cómo voy a pagar la hipoteca este mes?
- ¿Cómo puedo pasar más tiempo con los niños?
- ¿Quién se encargará de hacer la compra?

La resolución de las grandes cuestiones parece presentar más
dificultades —al fin y al cabo, la verdad nos pide acción—
y por eso las apartamos.

La pausa es una invitación para prestar atención a las grandes cuestiones. Considera este libro una guía para ayudarte a explorarlas. Es una manera de hacer que fluyas mejor en el mundo exterior, que escuches con más atención tu mundo interior. La esencia de la pausa es el descubrimiento. Se trata de un momento en que surge una nueva comprensión, en el que aminoramos la marcha lo suficiente para escuchar, no solo la incesante cháchara del cerebro y el ruido de la vida cotidiana, sino la sabiduría profunda de nuestra alma.

Te doy dos maneras de ponerte manos a la obra. La primera consiste en escribir un diario y la segunda en completar un pequeño cuestionario.

Escribir un diario

Veamos primero la opción de responder a las preguntas del diario. Si ya has escrito un diario alguna vez, simplemente retoma esta actividad; si es algo nuevo para ti, a continuación te explicaré cómo funciona.

En primer lugar necesitas una libreta para escribirlo o una carpeta en el ordenador donde guardar las entradas del diario. No es necesario anotar algo cada día. Cuando escribas, tómate tu tiempo: no se busca un resultado concreto ni una respuesta específica. No te fuerces para llegar al final y acabar rápido. Imagina que, si prestaras atención a la brisa, la oirías hablándote y animándote con suaves susurros mientras roza tu piel. Recréate compartiendo tu historia contigo mismo, tomándote el tiempo para escuchar lo que debes oír desde tu interior. Puedes recurrir al diario como una manera de reflexionar sobre tu vida y ser capaz de escuchar tu propia historia en cualquier momento.

Para este proceso, es útil partir de algunas preguntas y entradas para empezar y no verse sin más ante una página en blanco. En la página siguiente encontrarás algunas sugerencias. ¡No tienes que responder a todo de golpe! Puedes intentar contestar una pregunta al mes y ver a dónde te lleva. Hazlo como mejor te vaya y, si estas preguntas no se adecuan a ti, crea las tuyas.

● ● ● ¿Cómo me siento?

● ● ● ¿De qué me siento agradecido?

● ● ● ¿Quién o qué se ha ganado mi corazón?

● ● ● ¿Qué me ilusiona?

● ● ● ¿Qué aspecto de mi vida requiere paciencia?

● ● ● ¿Qué alimenta mi rabia?

● ● ● ¿Qué me resulta nuevo? ¿Y viejo?

● ● ● Lo que quiero es...

● ● ● Es hora de librarme de...

● ● ● Me oculto de...

● ● ● Es momento de más...

● ● ● Mi corazón anhela...

Tres consejos para un diario creativo

Escribe con amigos

No hace falta escribir el diario a solas: tal vez tengas algunos amigos a quienes les gustaría quedar y hacer esta actividad juntos por las tardes o el fin de semana.

Escribe fuera

No siempre hay que escribir en interiores. ¿Por qué no te dejas inspirar por la naturaleza y sacas el diario al bosque, lo subes al monte o lo llevas junto a un lago?

Despréndete de lo escrito

No hace falta conservar las entradas del diario. Tal vez decidas sentarte y escribir junto al fuego y luego crear una ceremonia para echar las palabras a las llamas.

Para terminar, no fuerces esta actividad (¡ni ninguna parte del proceso!). Como un buen café, o una sesión profunda de coaching, las conclusiones pueden tardar en manar y suelen revelarse mucho después de completar el ejercicio en sí.

Cuestionario

● ● ●

Junto con las preguntas del diario (véase la página 29), también se puede explorar en qué momento vital te encuentras mediante este test. Está diseñado para ayudarte a determinar si estás preparado para tomarte una pausa en tu vida en este momento.

¿Estás preparado para hacer una pausa?

		A menudo	A veces	Nunca
1.	Las pequeñeces me molestan con facilidad	○	○	○
2.	Suelo intentar complacer a los demás	○	○	○
3.	Me cuesta respirar o lo hago demasiado	○	○	○
4.	Me impaciento si me retraso	○	○	○
5.	Suelo sentirme solo	○	○	○
6.	Me siento descansado al despertar	○	○	○
7.	Me preocupa lo que los demás piensan de mí	○	○	○
8.	Por la mañana me despierto de forma natural	○	○	○
9.	Paso tiempo de calidad con los amigos	○	○	○
10.	Me preocupa cómo saldrán las cosas	○	○	○
11.	Miro el móvil compulsivamente	○	○	○

	A menudo	A veces	Nunca
12. Soy capaz de desconectarme de los dispositivos digitales todo el fin de semana	◯	◯	◯
13. Comparo mi vida con las historias que leo en las redes sociales	◯	◯	◯
14. Siento que vivo una vida sin propósito	◯	◯	◯
15. Me preocupa el dinero	◯	◯	◯
16. Soy capaz de olvidar con facilidad mis errores	◯	◯	◯
17. Me siento cómodo con mi aspecto	◯	◯	◯
18. Me siento lleno de energía	◯	◯	◯
19. Me duermo en el sofá antes de la hora de acostarme	◯	◯	◯
20. Sueño con una vida radicalmente distinta	◯	◯	◯

Al responder a estas preguntas, es posible que hayas empezado a calibrar hasta qué punto estás listo para una pausa; si antes no habías detectado ninguna señal, ahora tal vez se hayan vuelto evidentes. Tómate tu tiempo para plantearte por qué te has visto más reflejado en algunas afirmaciones que en otras. Tú eres tu mejor guía para valorarlo.

Cuestionario

● ● ●

Tu resultado

	A menudo	A veces	Nunca
1. Las pequeñeces me molestan con facilidad	2	1	0
2. Suelo intentar complacer a los demás	2	1	0
3. Me cuesta respirar o lo hago demasiado	2	1	0
4. Me impaciento si me retraso	2	1	0
5. Suelo sentirme solo	2	1	0
6. Me siento descansado al despertar	0	1	2
7. Me preocupa lo que los demás piensan de mí	2	1	0
8. Por la mañana me despierto de forma natural	0	1	2
9. Paso tiempo de calidad con los amigos	0	1	2
10. Me preocupa cómo saldrán las cosas	2	1	0
11. Miro el móvil compulsivamente	2	1	0
12. Soy capaz de desconectarme de los dispositivos digitales todo el fin de semana	0	1	2
13. Comparo mi vida con las historias que leo en las redes sociales	2	1	0
14. Siento que vivo una vida sin propósito	0	1	2
15. Me preocupa el dinero	2	1	0
16. Soy capaz de olvidar con facilidad mis errores	0	1	2
17. Me siento cómodo con mi aspecto	0	1	2
18. Me siento lleno de energía	0	1	2
19. Me duermo en el sofá antes de la hora de acostarme	2	1	0
20. Sueño con una vida radicalmente distinta	2	1	0

Tu resultado

0–10

Si tu puntuación ha sido de 0 en la mayoría de tus respuestas, entonces estás cuidando bien de ti y de tus emociones en este momento; tal vez hayas desarrollado unos recursos propios para cargarte de energía y proporcionarte tiempo de desconexión. Si has puntuado 1 o 2 en algunas respuestas, ten presentes estas preguntas al profundizar en el proceso de pausa, ya que es la oportunidad ideal para explorar las áreas de tu vida que te abruman, frustran o decepcionan. No se trata de «arreglar» estas áreas, sino más bien de estudiarlas y preguntarte qué necesitas, lo cual puede incluir plantearte qué deseas dejar atrás.

11–20

Es posible que notes señales específicas, como dificultades para descansar bien por la noche, o tal vez te encuentres bien en general pero no al cien por cien. En ocasiones es más fácil tomarse una pausa cuando uno sabe que está en crisis y literalmente es incapaz de levantarse de la cama por la mañana, pero es probable que puedas ir a trabajar cada día y que todo marche en apariencia bien en tu vida, aunque con una sensación de incomodidad latente. Te parece egoísta quejarte, pero no puedes dejar de advertir que algo no funciona, o que has dejado de apasionarte por las cosas. Esta es la ocasión para tomarte una pausa antes de que sea la vida la que te haga parar. ¿De verdad quieres seguir en modo

Cuestionario
● ● ●

piloto automático? ¿A qué esperas? ¿Qué es lo que temes? Al avanzar en el progreso hacia la pausa, prepárate para afrontar algunas preguntas incómodas, pero recuerda que estas serán claves para abrir tu horizonte e iniciar nuevas aventuras sin los pesos con los que ahora cargas.

21–40

Las señales están ahí: tu cuerpo o tu corazón te muestran que es hora de que te cuides mejor, de que te des más espacio. Tal vez te asuste pensar en pasar tiempo solo, sin ningún teléfono que consultar constantemente, ante una página en blanco. Es posible que en el fondo sepas que lo necesitas, pero también temes que tomarte una pausa vaya a suponerte una decepción, confusión o dolor emocional. Seguir adelante es lo que evita que te derrumbes. Conozco esta sensación demasiado bien y sé lo importante que es tratarse con cariño a la hora de realizar la pausa y permitir que la vida reduzca el ritmo para que aflore lo que es de verdad importante y poder prestarle atención. Mirar hacia los rincones oscuros no es fácil, pero nos acaba completando.

● ● ●

Si sabes instintivamente que la naturaleza
te nutre y te sosiega, prioriza las salidas y el
contacto con el entorno natural. Si notas que
tu alma necesita conexión o magia, deja
que tu sabiduría e intuición se expresen, ábrete
para conectar con la energía de tu alrededor,
deja que el universo te guíe. Y si tu creatividad
y tus pasiones necesitan un empujón, ábrete
a nuevas aventuras en tu vida, ya sea cerca
o lejos. Te animo a que te plantees estos tres
pilares de la pausa: Naturaleza, Espíritu y
Creatividad; luego debes sentir cuál de ellos es
importante para ti. Es posible que te aporten
apoyo o actúen como catalizadores.

Exprésate, diviértete,
juega y brilla.

¿Quién eres?

A lo largo de unos cuantos años, he ido desprendiéndome de capas que me envolvían. Poco a poco, de manera casi imperceptible para el mundo exterior, he ido cambiando.

Siendo menos quien era, pude ser más quien soy.

Debería haber sido una celebración.

Tanto que agradecer.

Enfrentarme a las sombras de la oscuridad para poder bailar en la luz.

«No me gusta lo que queda», confesé.

El hecho de estar controlada por mis condicionantes me daba mayor sensación de seguridad que el vacío de no saber quién era sin ellos. Una identidad que había existido ya no me pertenecía, y ahora me enfrentaba a nuevas realidades:

- Familia que lo había sido todo y ahora fallaba.
- Ambición que había mantenido la máquina del dinero en movimiento y ahora se diluía.
- Amigos que habían sido muchos y ahora se elegían con mayor cuidado.

¿Quién eras antes de ponerte las máscaras o las capas de protección? ¿Antes de responder a las expectativas? ¿En qué aspectos te has transformado para encajar en una vida que no se adapta a ti? ¿Dónde sientes que te has desviado?

Aunque todo lo que hayamos conjurado a nuestro alrededor nos parezca perfecto —el trabajo, el hogar, la pareja—, podemos seguir sintiéndonos atrapados. Hay mucho por lo que sentirse agradecido, pero no queda nada real que conecte con nuestro interior ni proyectamos libertad hacia el exterior.

Entonces ¿por qué nos creamos estas ilusiones?

En nuestra cabeza nos gusta ver a los demás y nuestra vida en cajas ordenadas. Unos claros constructos que tienen sentido a nuestros ojos sobre los amigos, el trabajo, el amor, la familia, las finanzas. En la superficie, estos constructos parecen aceptables pero, si rascamos un poco, solemos descubrir que no conectan con nuestras propias creencias. En su lugar se basan en principios que nos han inculcado nuestros padres, profesores, gobiernos, jefes y la sociedad en general.

Cuando tenía veintitantos años me compré una casa. Parecía lo correcto, en aquel momento gozaba de un trabajo bien remunerado, una carrera profesional sólida emergía en una organización respetable, tenía un coche de empresa y pensé que la compra de una casa era el siguiente paso natural. Es cierto que, a ojos de la sociedad en la que vivía, había cierta lógica en ello. Todo lo relacionado con esta decisión parecía

En nuestra cabeza nos gusta ver a los demás y nuestra vida en **cajas ordenadas.**

correcto hasta que me mudé a la casa. De repente me pareció mal. Tenía la sensación constante de estar viviendo el sueño de otra persona.

Al mirar atrás, me doy cuenta de que había creado una imagen que se adaptaba a la sociedad, pero no a mí. En cuestión de un año vendí la casa, dejé el trabajo, devolví el coche de empresa y me embarqué en un viaje de doce meses que inicié en Sudamérica y que transformó mi vida. Aquella decisión de hace una década cambió la dirección de mi vida.

Valoramos nuestra singularidad individual y deseamos que se reconozca. Pero al mismo tiempo somos criaturas sociales que queremos pertenecer al grupo y formar parte de la comunidad. Cuidar de ella y que ella nos cuide. Ser vistos y comprendidos dentro de nuestra diferencia. Entonces ¿podemos ser diferentes y seguir perteneciendo a un grupo? Es poco habitual despertar una mañana y pensar: «Ya no soy esa persona». Es más probable ir albergando la sospecha de que algo crece con el tiempo. Se alcanza un punto en que uno no puede ignorarse a sí mismo cuando las circunstancias de la vida nos enseñan que ha llegado el momento de cambiar. Dejar que esto se despliegue lentamente es saludable.

Ejercicio

• • •

Es raro que la gente se me acerque diciendo que desean cambiar porque todo en su vida es perfecto. Ya poseen un instinto sobre el cambio, aunque de momento no sean capaces de observarlo con perspectiva. Por ejemplo, es posible que sepan de manera instintiva que su trabajo actual les está asfixiando poco a poco, pero no saben qué deben hacer de manera diferente. No pasa nada. Se puede confiar en el instinto sin que de momento debamos realizar grandes cambios. De hecho, a veces es mejor quedarse donde estamos un tiempo y obtener ayuda para comprendernos y ver qué necesitamos cambiar, en lugar de saltar del barco de inmediato y volver a crear una experiencia similar.

Ser distinto requiere armarse de valentía, pero las consecuencias de vivir una vida que no es por completo nuestra son mayores que el riesgo que implica ser fieles a quienes somos. Cuando nos libramos del condicionamiento, desaparecen las personas que no desean enfrentarse a la realidad de sus propias vidas. Al mudar de piel, uno brilla más y, al hacerlo, se convierte en un imán para quienes son igual de valientes que él. La ironía radica en el hecho de que cuanto más nos cuestionamos quiénes somos, desafiamos el mundo que nos rodea y nos arriesgamos a ser diferentes con el fin de ser más genuinos, más formamos parte del grupo.

¿Alguna vez sientes el deseo de estar en otra parte? ¿Tienes la sensación interior de no encontrarte dónde quieres estar? El anhelo de sentirte más en paz, más satisfecho, porque en la realidad de tu día a día estás ansioso, apresurado y a veces abrumado. Desde el momento en que fuiste concebido has ido cambiando y evolucionando. En ocasiones te has vuelto más genuino, en otras menos para así poder volver a crecer.

La gente a menudo habla del poder del cambio pero, para mí, el poder se encuentra en el período anterior a la transformación.

¿Te has dado cuenta de que cuando te hallas en una transición estás en busca de algo que todavía no aciertas a ver pero de lo cual albergas alguna idea? Un tipo de amor más profundo, una manera más compasiva de relacionarte contigo mismo, una posición de mayor poder respecto a la educación de los hijos...

Al aproximarte al umbral del cambio debes dejar algo atrás para poder ocupar el nuevo lugar. Abandonar creencias, historias, asunciones, valores, posiciones, esperanzas, sueños o deseos puede representar un movimiento tectónico. Pero es precisamente esto lo que permite que se produzca el cambio.

Desmontar la persona que pensabas que eras con el fin de convertirte en quien eres de verdad requiere auténtica valentía.

Con frecuencia las personas de las que soy coach preguntan: «¿Por qué todavía no lo he conseguido?».

La vida es un proceso fluido que se mueve como el océano. El desafío consiste en que la mente quiere ver a menudo una meta donde quizá no haya nada.

Al leer este libro, no olvides estas preguntas:

¿Dónde me estoy metiendo? ¿Qué estoy dejando atrás?

La naturaleza te apoya

¿Alguna vez te has planteado la enormidad que supone que la luna gobierne las mareas? Nuestros océanos son vastísimos; en cambio, una fuerza invisible controla su movimiento y ritmo en todo momento del día. El poderoso océano es impotente ante estos ritmos y debe adaptarse a ellos.

Los humanos tenemos nuestros propios ritmos interiores. Con la terapia craneosacral, el terapeuta es capaz de sentir la marea interior del individuo. Los fluidos que rodean el cerebro y sirven para protegerlo fluyen por la columna. Este movimiento de fluidos posee sus propias mareas, las cuales pueden ralentizarse o incluso «congelarse» cuando experimentamos un shock o trauma. Ser capaz de hacer una pausa nos permite empezar a experimentar la potencia de las fuerzas más poderosas que nos rodean. No solo se trata de la luna, aunque la palabra *lunático* viene de «luna» y esta sin duda nos influye. Existe la creencia de que las personas pueden mostrar un comportamiento errático durante la luna llena. Cuando las mujeres viven cerca de los ritmos de la naturaleza, sus ciclos menstruales suelen están sincronizados con el ciclo de la luna. Cuando escuchamos a nuestro cuerpo, propiciamos un buen momento para una pausa. Bajar el ritmo, dirigir la atención hacia nuestro interior, liberarnos y luego prepararnos para crecer y volver a salir al mundo. Como la luna, nuestros ritmos naturales crecen y decrecen en fluctuación. No obstante, la mayoría de nosotros vivimos «siempre activos».

Como decía, estas fuerzas más poderosas no se limitan a la luna. Tal vez creas también que existen fuerzas espirituales que influyen en nuestras vidas.

Cómo nos ayuda la naturaleza

La naturaleza es un mero punto de partida que nos ayuda a bajar el ritmo y hacer una pausa. Puedes fiarte de la brisa, los árboles, la tierra y el río; todos ofrecen sabiduría. El aire que respiras, la tierra sobre la que caminas, el agua que bebes, el sol que alimenta tu existencia. La naturaleza es una estructura fundamental para la vida, aunque muchos lo hemos olvidado. En este sentido, la naturaleza es el «recipiente» en que vivimos: nos apoya, nos alimenta y nos sustenta.

Hay otro tipo de naturaleza, la que reside en el interior de cada uno de nosotros, nuestra singular naturaleza humana. Nos hemos alejado mucho de la armonía con la naturaleza y con nuestra naturaleza interior. Hemos perdido la conexión con los ritmos del día: actividades sencillas como despertar con el sol y dormirnos con la oscuridad, o dejarnos guiar por los ciclos lunares, ya no forman parte de nuestras vidas. Utilizamos cortinas para evitar que entre la luz solar, seguimos despiertos hasta altas horas de la noche con luz artificial y televisores o portátiles, y luego saltamos de la cama con el sonido del despertador. La mayoría de nosotros ni siquiera nos hemos planteado seguir jamás nuestros ritmos naturales, aunque es lo que necesitamos para sustentarnos desde dentro. Es raro detenernos para preguntarnos: «¿Qué es bueno para mí?» Somos menos conscientes de nuestros patrones naturales de sueño, ya no seguimos las señales del cuerpo para comer ni beber y muchos ni siquiera nos movemos del modo en que estamos diseñados para hacerlo. Prestamos aún menos atención a las distintas necesidades de cada etapa de la vida.

Puedes fiarte de la brisa,
los árboles, la tierra y el río;
todos ofrecen sabiduría.

El resultado de todo ello es la turbación interior y, cuando perdemos esta conexión vital con nosotros mismos, perdemos en salud, felicidad y bienestar generales.

leves y constantes dolores de cabeza

ansiedad

cansancio

dificultad para dormir

estrés

desasosiego

poca resistencia a los resfriados

signos de turbación interior

Reflejos internos y externos

En este punto es útil comprender un concepto sencillo del cual no se habla demasiado. Es el hecho de que nuestro mundo exterior es el reflejo de nuestro mundo interior. Cuanto más turbados nos sentimos con la vida externa, más turbación experimentamos en la interna. Por este motivo, dos situaciones similares pueden sentar de forma tan diferente en días distintos o dos personas pueden contemplar la misma situación de manera dispar. Algo tan simple como salir a pasear con un amigo un día de invierno: puede que tú percibas una riqueza de colores donde él solo ve gris.

Todos sabemos que en este momento existe una gran turbación en el mundo. Hemos visto cómo de la noche a la mañana se desmoronaban instituciones financieras, gobiernos, divisas y países. Los refugiados se ven obligados a abandonar sus hogares, y gran cantidad de hombres, mujeres y niños viven en condiciones inhumanas y peligrosas para su supervivencia. Nos hallamos en el precipicio de una crisis medioambiental mayor de lo que nos atrevemos a reconocer. Países y familias están más divididos que nunca geográfica, económica y políticamente. Los ataques terroristas y las amenazas nucleares nos hacen temer en todo momento por nuestra seguridad, y nos sentimos indefensos e impotentes. Las instituciones en las que confiábamos ya no cuentan con nuestra fe. Las comunidades de las que formábamos parte ya no abren sus puertas. Los alimentos que nos nutrían se agotan al igual que la tierra de donde proceden. Allá donde dirigimos la mirada, vemos turbación.

● ● ● Pausa

Cuanto más volvemos a conectar con nuestra verdadera naturaleza, menos turbados nos sentimos y más capaces somos de participar en la realidad de la vida. Hay que crear ritmos y rituales sencillos que nos permitan entrar en nuestro hogar. Es importante recordar que es improbable que las cosas cambien por fuera: el mundo es como es, pero cuando uno entra en su hogar todo se ve de otro modo. Volverás a sentirte tú mismo y podrás tomar parte en tu vida cotidiana con una pasión que siempre has sabido que llevas dentro.

Ponerse uno por delante de todo no es egoísta, es esencial

Es fácil pensar que centrarse en la naturaleza interior de uno mismo es egoísta cuando se ve todo lo que sucede en el mundo. Sin embargo, cuidar de la salud y del bienestar propios requiere devoción, de modo que es importante, llegados aquí, plantearse qué significa «ser egoísta». Con demasiada frecuencia no nos cuidamos porque estamos ocupados con las necesidades de los demás. Uno puede apasionarse por una causa —al fin y al cabo, muchos obtenemos satisfacción al ayudar a los demás— pero hay una diferencia entre servir y sacrificarse. Cuando esta diferencia no está clara, la necesidad de validarse a uno mismo haciendo de mártir aumenta.

Nos convencemos de que si estamos tan ocupados sirviendo a los demás es que somos amables. Creemos que si nos negamos a marcharnos para no hacerle daño a alguien es que somos honorables. Nos persuadimos de que si renunciamos a nuestros sueños por otro es que somos honestos. Lo damos todo y más. Damos nuestro tiempo, corazón, poder, buen humor, talento, energía. Al hacerlo con generosidad nos sentimos más plenos. Hasta que llega el día en que hemos dado tanto que no nos queda nada que ofrecer.

El mensaje que enviamos, no obstante, es «Mirad lo mal que lo paso por los demás». La verdad es que esto no es noble: es deshonroso, cruel e hipócrita. Cuando no nos preocupamos de nuestras necesidades en primer lugar, tenemos que manipular a los demás para que lo hagan. Esto crea codependencia en nuestras relaciones. En el trabajo damos más de lo que recibimos, hasta agotar nuestras reservas de energía y vitalidad. En las relaciones nos adaptamos a la otra persona y perdemos pasión e intimidad. Como padres, renunciamos a nuestros sueños perdiendo nuestro sentido de lugar e identidad. Es una especie de mentira inocente que no protege a nadie: al engañarnos y engañar a los demás con el fin de proyectar una imagen positiva, nos condenamos al resentimiento, al agotamiento y a la pérdida de conexión. Se trata de justo lo opuesto a la armonía, la paz y el equilibrio que deseamos.

Para servir a los demás de manera saludable, debemos priorizar nuestras necesidades. Para compartir la intimidad de manera saludable, debemos sustentarnos solos antes. Para crear una dinámica familiar saludable, necesitamos cuidar antes de nuestras necesidades. No es egoísta ponerse uno por delante de todo: es esencial.

Ejercicio

● ● ●

Si te sientes sin fuerzas (como nos pasa a muchos), te ayudará
a reflexionar sobre aquellos aspectos en los que olvidas tus
necesidades en favor de las de otros. Si es algo que te cuesta,
no trates de cambiar el mundo y empieza con los conceptos
básicos que se explican en las secciones dedicadas a la
alimentación, el descanso y el movimiento (páginas 186-203),
y sigue a partir de ahí. Priorizar el cuidado de uno mismo es
un aspecto esencial para hacer una pausa. Si no lo hacemos
nosotros, nadie más lo va a hacer; o al menos no en la medida
en que el cuerpo y el alma lo precisan.

● ● ● Primero, comprende cuáles son tus necesidades. Si no
sabes cuáles son, no podrás satisfacerlas.

● ● ● Recuerda que tus necesidades cambian contigo. Si estás
en un momento de transición, reevalúalas.

● ● ● No sigas la corriente. La mayoría de las personas que
conoces no saben atender bien sus necesidades. ¡No son
modelos a seguir!

● ● ● No prestes atención a las opiniones de los demás. Haz
lo que sabes que es mejor para ti, aunque signifique ser
diferente.

● ● ● Recuerda esta simple ecuación: cuanto más des a otros,
más necesitas darte a ti mismo.

Los ritmos de la naturaleza

Como seres humanos, no estamos diseñados para estar «siempre activos». Tenemos ritmos naturales que siguen los ciclos de la naturaleza. Nuestro reloj biológico interno, los ritmos circadianos naturales, funciona de promedio en ciclos de 24 horas y regula el sueño, el apetito y la temperatura corporal. Por ejemplo, durante la noche, cuando dormimos, nuestro cuerpo produce una hormona llamada melatonina que nos ayuda a relajarnos para que el organismo pueda renovarse, restaurarse, desintoxicarse y reparar las células que permiten que funcionemos. Luego se libera otra sustancia natural, el cortisol, diseñada para levantarnos de la cama por la mañana; y recibimos otra tanda de cortisol después de almorzar para aguantar el resto del día. Nuestros ritmos biológicos pueden verse afectados por factores ambientales como:

- Alteraciones estacionales, como las horas de luz solar y los cambios de temperatura
- El estrés físico o emocional
- El trabajo por turnos
- Viajes a otros husos horarios
- Vacaciones
- Consumo de drogas o fármacos
- Embarazo
- Problemas de salud mental
- Algunas afecciones médicas

Además de este punto de vista occidental, resulta útil considerar algunas perspectivas orientales, de las muchas existentes. Según los principios básicos de la filosofía china, cada ser y toda la materia contienen la energía conocida como *qi* o *chi* (que recibe distintos nombres en otras tradiciones orientales). El *qi* existe en todas las cosas y la filosofía china interpreta que esta energía alterna entre dos «principios» conocidos como el yin y el yang. En resumen, el yin representa las cosas negativas, oscuras o femeninas; el yang es lo positivo, brillante y masculino, y en la naturaleza se entiende que todo posee cualidades yin o yang. En los ciclos de la naturaleza, mientras que estas energías se hallan en flujo constante, también están en equilibrio natural. Por ejemplo, la semilla (yin) crece y se convierte en planta (yang), que muere y vuelve a la tierra (yin). Esto sucede con el cambio de las estaciones. El invierno (yin) se transforma a través de la primavera en el verano (yang), que a su vez se convierte en invierno de nuevo mediante el otoño. Por eso, la ciencia de la medicina tradicional china presta especial atención a los efectos de los

cambios estacionales en nuestro organismo y bienestar. Existe la noción de que los cambios estacionales nos afectan y que, con el fin de nutrir mejor nuestros sistemas, deberíamos vivir en armonía con ellos. Para hacerlo, deberíamos alimentar nuestro yang en primavera y verano, y nuestro yin en otoño e invierno. Esta es una de las razones por las que los pueblos de climas cálidos toman alimentos picantes, ya que expanden la energía yang.

Como el invierno, estás diseñado para un estado de latencia.
Debes encontrarte a ti mismo en la oscuridad de las sombras
y, si sofocas la oscuridad, bloqueas la luz. Como resultado:

● ● ● Tus talentos reales no destacan

● ● ● Tus dones innatos se atrofian

● ● ● Tu brillantez singular disminuye

Todo ello se queda sin el combustible para florecer. Igual que
el día sucede a la noche, la luz sucede a la oscuridad

Correspondencias de cinco elementos - Naturaleza

ESTACIÓN	INFLUENCIA AMBIENTAL	DESARROLLO
Primavera (yang)	Viento	Nacimiento
Verano (yang)	Calor	Crecimiento
Final de verano (decrece el yang y crece el yin)	Humedad	Transformación
Otoño (yin)	Sequedad	Cosecha
Invierno (yin)	Frío	Almacenamiento

La armonía con las estaciones es algo natural en la persona equilibrada. Por desgracia, la mayoría de nosotros hemos mellado nuestra conciencia instintiva; solo a través de prácticas que nos acerquen a los ciclos de la naturaleza, empezaremos a escuchar la voz de nuestra propia naturaleza con claridad.

– **Paul Pitchford,**
Autor de *Healing with Whole Foods*

Ejercicio

Para comprender tus propios ritmos naturales, necesitas aislarte de lo que haces cada día para volver a conectar con lo que es realmente bueno para ti. Aunque estos aspectos de tu vida te resultan muy familiares, el objetivo consiste en prestarles atención con una mirada nueva. Imagina que piensas en ti por primera vez y que estas preguntas te resultan nuevas. El arte de este proceso radica en aprender a sintonizar de nuevo con tus instintos y conciencia. Recuerda que tus respuestas pueden ser diferentes según la estación del año o bien seguir siendo las mismas. En tu diario puedes crear una tabla como la siguiente:

Primavera

1. ¿Cuándo te despiertas de manera natural?

2. ¿Cuáles son tus mejores momentos del día para comer?

3. ¿Cuándo prefiere dormir tu cuerpo?

4. ¿Cuántas horas de sueño son ideales para ti?

5. ¿Cuándo te sientes más despejado de forma natural?

6. ¿Cuándo bajan tus niveles de energía?

7. ¿Cuáles son para ti las mejores horas para trabajar?

Estas preguntas no son complejas, pero te invito a observarlas con una mirada nueva para poder explorar lo que es mejor para ti de forma natural. Por ejemplo, es posible que te despiertes de forma natural a una hora distinta a la de tu pareja. O que el trabajo te obligue a estar en la oficina de ocho a cinco, cuando tus niveles de energía son más elevados algo más tarde. Esto puede dificultarte responder a algunas preguntas, mientras que otras pueden ser fáciles. El objetivo consiste en sintonizar con el cuerpo para escuchar las respuestas que mejor se adaptan a ti. Sé paciente. Vivir según tu ritmo natural es clave para poder hacer una pausa y volver a conectar contigo mismo. Tómate tu tiempo para pensar las respuestas; puedes tardar un año e ir observando tus ritmos en cada estación; si deseas plantearte otras preguntas puedes incluirlas también.

Verano	Finales de verano	Otoño	Invierno
● ● ●	● ● ●	● ● ●	● ● ●

Cuerpo y mente

En los retiros de pausa recurrimos a la naturaleza como medio para regresar a nuestros cuerpos, reducir el ritmo mental y profundizar la conexión con nuestro ser mediante la respiración. No es nada complicado, y se pueden llevar a cabo estas prácticas sin necesidad de acudir a un retiro. El truco consiste en buscar el tiempo y el espacio para ello.

He aquí algunas prácticas que aplicamos en los retiros:

Micro/macropaseos

Se trata de paseos dedicados a prestar atención a nuestro entorno alternando entre la observación de la enormidad del paisaje y de los pequeños detalles. Por ejemplo, mientras caminas, puedes centrarte en el cielo y las nubes y luego pasar a fijarte en una gota de agua posada sobre el extremo de una hoja. La idea es entretenerse en la micro o macroobservación, dedicando tiempo a absorber la experiencia antes de desplazar la atención a otra parte. A menudo, al realizar estos paseos durante los retiros, las personas empiezan a adquirir una mayor conciencia de los símbolos o metáforas en relación con su situación vital presente; es muy interesante el modo en que la naturaleza nos posee.

●●● Si no puedes ir al campo, puedes realizar un micro/macropaseo en la ciudad. Acude a un parque, páramo, zona verde o río de la zona, y encuentra un camino que te parezca espacioso. Allí puedes llevar a cabo el mismo ejercicio de alternancia entre el espacio abierto y los detalles diminutos, ¡te sorprenderá lo que descubrirás!

Espacio para sentarte

Este ejercicio está diseñado para tomarse un respiro de la tecnología. No se trata específicamente de una meditación, pero puede surtir el mismo efecto. Encuentra un lugar que te guste, lo ideal sería junto al agua, y siéntate allí durante una hora sin reloj, móvil, bolígrafo ni papel. La invitación consiste en sentarse y plantearse una pregunta importante: dejando que surja, pero al mismo tiempo tomándosela a la ligera. El objetivo del ejercicio es dejar que las ideas floten, entren y salgan a su ritmo. Cuando le digo a alguien que va a pasar una hora a solas, parece ponerse nervioso. Eso se debe a que rara vez experimentamos la soledad de esta forma: siempre estamos conectados a los móviles y las redes sociales. Si una hora te parece demasiado, dedica 20 o 30 minutos al ejercicio, ¡a ver si la próxima vez aguantas más rato!

De nuevo se puede desarrollar el ejercicio en la ciudad si es necesario. Si no hay un lago o río cerca, practícalo en el exterior, en contacto con la naturaleza, si es posible. Busca un árbol en el parque; siéntate junto a un estanque o en el jardín trasero si dispones de uno. Encontrarte en un espacio natural te ayudará a sentir apoyo, sustento y arraigo mientras realizas este ejercicio.

Habla y sé escuchado

Otra actividad que llevamos a cabo en los retiros consiste en pasear por la naturaleza con un compañero y hablar mientras él nos escucha. Nuestro acompañante solo nos escucha, no hace preguntas ni nos contesta verbalmente. No está ahí para ofrecer soluciones ni consejos, sino para hacernos sentir su presencia mientras nos escucha con atención. Puedes probar esto con un amigo; primero habla uno y escucha el otro, y luego viceversa. Asimismo intenta encontrar un lugar en la naturaleza: camina junto a un canal, programa una salida al bosque o a un lago cercano. La naturaleza aportará un aspecto a este tipo de conversación que no experimentarás si caminas por una calle llena de gente en medio de la ciudad.

● ● ● En los retiros encendemos una hoguera y nos sentamos alrededor de ella. Esto puede resultar complicado en tu vida diaria, pero busca ocasiones para estar cerca de un fuego, ya sea en el interior o el exterior: acaricia el espíritu y suele propiciar que afloren nuevas conversaciones.

● ● ● También nos ha dado por danzar y aullar a la luna, ¡pero esta es otra historia!

Conecta con la naturaleza a través de la respiración

La respiración es el camino de regreso al cuerpo. El movimiento que te permite ser consciente de tu respiración te ayudará a conectar más profundamente contigo mismo.

El movimiento implica el cuerpo físico y también la sensación invisible del flujo de energía y las emociones. Se puede escuchar el propio cuerpo con el fin de comprender los tipos de movimiento necesarios en un momento dado. Si te sientes encallado y sin energía, puede que precises movimientos yin suaves como el *qi gong*, los paseos, el yoga o taichi junto con explosiones yang más enérgicas como sesiones de resistencia y ejercicio cardiovascular. Si recurres al entrenamiento de alto impacto para liberar tensiones diarias o vigorizar el organismo, piensa si tu cuerpo y mente también agradecerían formas más tranquilas y suaves de conectar mediante el movimiento (véanse las Prácticas para el día a día, página 182).

Tu espíritu te guía

Lo que yo llamo «espíritu» es la energía que circula por nuestro interior y a nuestro alrededor. En el interior es una chispa, una llama, una pasión y un deseo de conexión. Es una necesidad de saber por qué estamos aquí, quiénes somos, cuál es el sentido. En el exterior es una fuerza poderosa que resulta casi inexplicable. Una energía que, cuando se activa y se escucha, hace que ocurran cosas mágicas.

En una era dominada por la lógica y la ciencia, hemos perdido la conexión con la intuición. Resulta difícil definir esta última racionalmente: puede aflorar como una extraña resistencia, un anhelo, una duda exasperante. ¿Con qué frecuencia la has notado en tu vida, en tu cuerpo? ¿Le has prestado atención o la has desdeñado como «una sensación ridícula» que se ha alejado tan rápido como apareció? ¿O persistió pero la apartaste de ti, pensando que era una sandez, pero luego se demostró que merecía ser escuchada? Cuanto más ignoramos nuestra intuición, más perdemos la capacidad de confiar en ella. Cuanto menos la escuchamos, más difícil resulta oírla.

Piensa en la manera que guía actualmente tu vida. ¿Cómo tomas las decisiones del día a día? ¿Tu mente te controla? ¿Cuánto espacio cedes a la intuición? ¿Te influyen los amigos, los familiares y las redes sociales? ¿Dispones de principios y directrices claros? ¿Hasta qué punto estás en sintonía con los mensajes que te comunican el corazón y el alma? ¿Alguna vez permites que la vida y las señales de tu alrededor te guíen?

Ahora plantéate lo seguro que te sientes de las decisiones que tomas: tanto las del día a día como las elecciones vitales más importantes. ¿Existe un lugar en tu interior que se sienta satisfecho con estas o te sientes angustiado cuando te planteas alternativas, situaciones distintas, una y otra vez, con la esperanza de optar por el camino adecuado pero con la sensación de ser como una hoja arrastrada por el viento?

Estas preguntas no pretenden ser trampas ni hacerte pensar que estás haciendo algo mal; son simplemente una manera de abrir tu mente a algunas posibilidades que te guíen en la vida. En Occidente vivimos una época en que manda la mente, un recurso muy poderoso, pero no el único del que disponemos. Cuando pensamos demasiado, acabamos creando una distancia. Olvidamos que el cuerpo nos dice cosas, que nuestra intuición dispone de información válida, que debemos escuchar a nuestros sentimientos. Olvidamos que existen fuerzas más poderosas a nuestro alrededor que nos enseñan y nos guían. Cuando la mente supera el corazón —o el estatus es más importante que la familia, y el dinero que la naturaleza—, los conocimientos se convierten en la moneda de cambio y como resultado estamos perdidos: desconectados de nosotros mismos, de nuestros seres queridos y del aire que respiramos.

Pero no hay que dejar que esto ocurra. Es posible conectar más profundamente con todos los recursos de los que disponemos. Según mi experiencia, esto requiere bajar el ritmo y crear espacio. La mente funciona muy rápido; procesa, archiva, almacena y elimina enormes cantidades de datos cada segundo. El cuerpo, el corazón, la intuición y la vida de nuestro alrededor suelen seguir un ritmo más lento. Si te encuentras en peligro, el cuerpo reaccionará muy deprisa, pero para la mayoría de decisiones cotidianas, e incluso para las más significativas, no nos enfrentamos a peligros reales, por lo que este tipo de velocidad no es necesario.

Cuando me estaba recuperando del síndrome de desgaste profesional me vi obligada a tomar algunas decisiones importantes para cambiar mi vida. Durante un período de tres meses empecé a ver hasta qué punto mi mente iba por delante de la realidad. Ella quería que mi situación se resolviera mucho más rápido. De hecho, parecía que mi mente se hallaba tres meses por delante de lo que realmente estaba sucediendo.

Aquella fue una gran lección para mí. Tal vez no lo sea para ti, pero puede ser útil explorar en qué le gusta concentrarse a tu mente. ¿Se encalla en el pasado, royendo viejos recuerdos y lamentándose? ¿Avanza hacia el futuro, deseosa de adelantarse a la realidad actual? ¿O está paralizada en el presente, confundida y sin saber hacia dónde avanzar? Date un tiempo para tomar conciencia del funcionamiento de tu mente.

Cuando me di cuenta de lo adelantada que iba mi mente, empecé a concentrarme en mi entorno inmediato. Con el tiempo, me resultó más fácil centrarme en el presente. De hecho, solo podía concentrarme en esto. Hay quien llama a esto «estar presente», pero a mí me gusta más referirme a ello como «fluir». Cuando sintonizamos con los acontecimientos de nuestras vidas que tienen lugar en este momento, podemos reaccionar a ellos (o no), lo cual a su vez crea un flujo natural con la vida. La idea de responder a la vida en lugar de dejar que la mente nos dirija no es un concepto fácil (en especial porque la mente quiere mandar). No digo que haya que desconectarse por completo del futuro, pues puede ayudarnos a planificar. No obstante, he aprendido a «disponer de un plan pero sin aferrarse a él». Esto significa que uno traza un camino y luego se adapta a la realidad de las cosas.

La idea de «dejarse llevar» se ha generalizado y con frecuencia escucho que la gente dice: «Será una señal». Normalmente, lo que la persona describe con esta frase no es una señal, sino un constructo mental. Seguir las señales de la vida de verdad y dejarse guiar por el espíritu puede requerir enfrentarse a realidades que uno preferiría ignorar y tomar decisiones que suponen un desafío. En muchos idiomas nativos americanos, la palabra que sirve para decir «comprender el mensaje» también significa «mi vida ha cambiado». Se nos ha inculcado que siempre tenemos opciones, pero hay momentos de claridad en los que se nos revela la verdad. El espíritu nos guía y sabemos que no hay elección. Sabemos lo que debemos hacer o dejar atrás. También sabemos que la vida será fundamentalmente distinta como resultado de ello. A esto lo llamo «elección sin elección». Las ocasiones en que he seguido estos momentos de claridad total no han sido fáciles, pero han sido los momentos en que me he sentido más libre.

Si eres capaz de sintonizar con las pistas que se te presentan y atravesar puertas que están metafóricamente abiertas en lugar de cerradas, entonces empiezas a fluir en lugar de luchar con la vida. Esto hace que el viaje sea mucho más fácil.

¿Estás listo para aprender a fluir?

La idea de «dejarse llevar»
se ha generalizado
y con frecuencia escucho
que la gente dice:
«Será una señal».

Ejercicio

● ● ●

Meditación de la abeja

Una de las maneras de empezar a armonizarse con el mundo
exterior consiste en hacer lo mismo con nuestro interior.
Esto se puede conseguir de diversos modos. Uno es establecer
un ritmo natural (con la alimentación, el sueño, el trabajo,
etcétera); otro es aprender a gestionar la mente. Hace mucho
tiempo me enseñaron que «tenemos una mente pero no somos
nuestra mente». Del mismo modo que tenemos un brazo pero
no dejamos que este dirija nuestra vida, ¿por qué íbamos a
permitir que la mente se haga con el control?

Si tu nivel de estrés parece demasiado alto y te cuesta
desconectar y relajarte, es probable que tu mente esté
ocupada. Para algunas personas, esto es muy fácil de
detectar por la noche cuando, tras un día intenso, se acuestan
agotados pero son incapaces de dormir. Cuanto más estrés
acumulamos, menos fácil nos resulta fluir con la vida.

Una herramienta para gestionar el estrés diario que nos
permite dirigir la mente para devolverla a la armonía es
la meditación. A mi consulta llegan muchas personas que
me cuentan que han probado la meditación pero la han
encontrado demasiado difícil y la han abandonado. El
problema es que cuando se sientan a meditar oyen el zumbido

de su mente y creen que están meditando de forma incorrecta. En realidad, sentarse a meditar te hará consciente de lo que ya está presente y, si en tu caso, es una mente que no para y una sensación de ansiedad, entonces experimentarás eso. Esto no significa que no lo estés haciendo bien; simplemente quiere decir que esto es lo que tu mundo interior alberga en este instante (y quizá más allá de él). El arte de la meditación consiste en aceptar la experiencia tal como venga, sea cual sea, sin pretender cambiarla, juzgarla ni arreglarla. Tu «trabajo» cuando meditas es permanecer sentado y prestar atención a tu respiración, mientras tu mente parlotea y tus sentimientos afloran.

Si esto te parece demasiado difícil de momento, puedes probar la delicada «meditación de la abeja» que describo a continuación, adecuada para aquellas personas que se sienten incapaces de meditar. Funciona cuando uno tiene muchas cosas en la cabeza, porque el sonido que uno produce distrae, ¡y a la mente le encanta la distracción! Consiste en bloquear los sentidos de la vista y el sonido, y crear una vibración interna con el zumbido que se emite. El zumbido se parece al de la abeja, de ahí su nombre.

Así funciona la meditación de la abeja (lee las instrucciones completas antes de empezar):

- Disponte en un lugar donde puedas estar solo unos minutos. Siéntate en una posición cómoda, con la espalda recta.

- Repasa tu cuerpo y sé consciente de cómo te sientes.

- Cuando estés listo, cierra los ojos, ponte los pulgares en los oídos y tápate los ojos suavemente con los índices (la idea es bloquear los sentidos de vista y oído un momento).

- Inspira y, al espirar, emite un zumbido.

- Repite la inspiración y el zumbido diez veces.

- Cuando finalices las diez respiraciones, mantén los ojos cerrados, frótate las manos para calentarlas un poco y colócalas sobre el rostro.

- Lentamente abre los ojos y retira las manos.

- Repasa tu cuerpo de nuevo y sé consciente de cómo te sientes.

En la nada algo pasa

El vacío era vasto. Un espacio que reptaba con sigilo y me comprimía con su peso. Pesado y desolado como un invierno a mi alrededor, me sentía vacía y perdida, ¿Qué podía hacer?

Mi brújula interior giraba furiosamente sin norte al que anclarse. Mis puntos de referencia se habían desvanecido, no había más que espacio.

Mientras mi mente buscaba acelerada formas de llenar el vacío, oí cómo mi corazón me aconsejaba que me quedara en el espacio.

La incomodidad era profunda.

No hice nada, me quedé en casa durante días preguntándome de qué iba todo aquello. No obtuve respuesta. Al miedo le gustaba llenar el vacío; se instalaba apresurado, a la hora que fuera, un visitante indeseado. Resistí, deseaba desesperadamente llenar el vacío, algo, cualquier cosa, iba a ser mejor que esta nada.

Pero la vida no exigía nada.

Continuó creando espacio.

Invitándome a entrar en el vacío...

Me ha tocado transitar por caminos de un solo sentido y por callejones sin salida, pero lo que he aprendido es que hay otra parte de mí, a menudo más sabia, en la que puedo confiar. Una parte de mí que a veces es un débil susurro, que apenas se escucha con el parloteo de mi ajetreada mente. Un brote repentino de sentimientos que se etiqueta como nervios. Una parte de mí que suelo ignorar por considerarla ridícula, sin sentido, irrelevante o insignificante.

El acto de bajar el ritmo y volver a conectar con lo que el corazón quiere y con la dirección de la vida es una experiencia transformadora si somos lo bastante valientes para detenernos, respirar y reflexionar. Pero la mente desea apresurarse hacia las respuestas. Prefiere la certeza a la incerteza, saber a no saber, y los planes a la ambigüedad. Esta prisa por obtener respuestas puede hacer que nos perdamos la pregunta. Nos ahogamos en el espacio.

Sin embargo, las preguntas son el susurro del alma. ¿Cuál es la cuestión que más pide una respuesta ahora, pero que se ve desplazada por el trajín y las distracciones de la vida? Esta pregunta anhela tu atención y, al bajar el ritmo y reducir el ruido, los susurros del interior podrán escucharse. Es momento de dejar que afloren.

Aquí no hay posibilidad de error: al fin y al cabo, muchos grandes descubrimientos parten de un «no sé». Confía en ti. Deja que la pregunta se desvele. Plantéatela: «¿Qué es lo que más me gustaría saber en este momento? ¿Qué requiere mi atención ahora mismo?». Siéntate un rato y nota cómo la respiración se conecta con tu cuerpo. Ha pasado mucho tiempo desde la última vez que respiraste profundamente, ¿verdad? Siente el aire fresco entrando en tu cuerpo, cómo se mueve e hincha tu estómago. Sigue el recorrido del aire al dejar tu cuerpo, espirando con suavidad como si apagaras una vela.

La pausa no consiste en encontrar respuestas rápidas, sino en ralentizar el ritmo para poder empezar a formular las preguntas adecuadas. Las respuestas suelen ser sencillas; las preguntas son lo difícil de escuchar.

**❛❛ Permanezcamos
en silencio. No nos
lancemos a discutir. ❜❜**

– Rumi

¿Cómo se presenta la intuición?

En ocasiones se escucha esta sabiduría como un susurro en lo
más profundo. Una llamada desde el interior. Desde la parte
de ti que conoce la verdad pero a la que tal vez sigas temiendo
escuchar. La parte de ti que conoce tu salud necesita ahora
tu atención: es el momento de acabar con una relación tóxica
o hay una parte de ti que sabe cómo podrías expresar tu
creatividad.

En otras ocasiones, esta sabiduría se presenta de repente
y surge en apariencia de la nada. Al instante, sabes
qué necesitas, qué debes hacer, cómo has de actuar. Es
incuestionable, innegable.

Porque a veces hay momentos en la vida en que uno sabe todo
lo que necesita.

Ejercicio

● ● ●

¿Cómo sintonizar con tu intuición?

● ● ● **Capta los susurros**

Si escuchas un susurro o sientes algo de repente, no lo apartes
de ti. Dale espacio para manifestarse y mostrar sus cartas.
A menudo desestimamos estos sentimientos pensando que
son preocupaciones o que son insignificantes pero, al cabo del
tiempo, uno puede darse cuenta de que son importantes.

● ● ● **Presta atención a las coincidencias**

Albert Einstein dijo: «Las coincidencias es la manera que
tiene Dios de mantener el anonimato». Yo creo que podemos
aprender cosas de las coincidencias que hacen brotar un
sentimiento en nuestro interior o nos parecen demasiado
extrañas. Si una de ellas te produce una sensación fuerte o te
parece una voz clara, escúchala.

● ● ● **Reacciona con curiosidad a lo inesperado**

A veces un sexto sentido nos conduce a hacer cosas que no
siempre comprendemos enseguida. ¿Algo te arrastra? Piensa
por qué... ¿Qué intenta decirte tu intuición? Reacciona con
curiosidad; con ello quiero decir que no intentes controlar lo
que pasa. Simplemente fluye y juega con ello.

● ● ● **Escucha la sabiduría que yace en tu interior**

Estoy segura de que si nos dieran un euro cada vez que
deseamos habernos fiado de nuestra intuición, ¡todos seríamos
ricos! La retrospectiva es genial. Intenta evitar los momentos
de arrepentimiento sintonizando bien la próxima vez. Cuando
escuches un susurro, pídele que se repita y te hable con más
claridad. Tu sabiduría interior siempre será tu líder más fuerte.

La creatividad te alimenta

Ahora que los cimientos son sólidos y fluyes con la vida, es hora de dejar que la creatividad alimente tus pasiones. Al dejarla fluir, empezarás a seguir tu corazón y a expresar lo que llevas dentro. Este es un lugar para ser valientes, cometer errores, probar cosas nuevas y vivir una aventura. Muchas personas piensan: «Yo no soy creativo ni valiente, no soy así». Dudas de este tipo yacen enterradas en nuestro interior: desde que éramos pequeños y nos decían que pintáramos sin salirnos de la raya para que quedara limpio y ordenado, las decisiones tomadas por otros se convirtieron en nuestras creencias. Con el tiempo se nos metieron dentro, sin darnos cuenta ni invitarlas, y se convirtieron en nuestra verdad. Pero la verdad es solo aquello que somos capaces de ver o creer en un momento determinado. ¿Y si llevas la creatividad dentro? ¿Y si todos la llevamos dentro?

La creatividad adquiere diversas formas, no solo las evidentes de carácter artístico. Podemos ser creativos en la ciencia o la ingeniería, o en la manera de enfocar los problemas o vivir la vida. Con frecuencia, la gente dice que la creatividad debe ser original, pero los proyectos de creación pueden también ser una expresión de algo ya existente. Lo que convierte algo en creativo es su capacidad de expresar tu singularidad. Nadie más, aunque copie con exactitud tu creación, puede hacer algo igual que tú.

Uno de los retos de la creatividad es que suele hacernos sentir vulnerables. Expresar como somos mediante el arte, las ideas o la manera de vivir nos expone a las opiniones de los demás, algo que puede ser inspirador, pero también doloroso. No

> ❝❝ La vida se encoge o se expande en proporción a nuestra valentía. ❞❞
>
> – Anaïs Nin

obstante, esto no es un motivo para dejar que se apague la llama de nuestra creatividad.

Si confías en la naturaleza para que te sustente y en tu espíritu para que te guíe, entonces tu creatividad no errará a la hora de hacerte crecer. Cuanto más valiente seas al expresarte —a través de la resolución de problemas, tus ideas, la manera de vivir la vida y también tu creatividad artística—, más valiente te sentirás, y cuando la vida se expanda en relación con tu valentía, descubrirás que entras en un ciclo virtuoso. Recuerda que la creatividad se eleva y desciende del mismo modo que la naturaleza fluctúa. Es algo necesario, un momento de descanso y recuperación, de preparación para la siguiente ola de creatividad. Habrá momentos en que habrás crecido y pensarás de otro modo, y tomarás decisiones y realizarás cambios en tu vida. En sí mismo, esto es un acto de creatividad y, después de hacerlo, querrás asentarte y dejar que la energía repose. Es lo que se conoce como «pequeña muerte». Saber cuándo toca apartarse y ceder es tan importante como el propio acto de creatividad. Soltar lo que ya no nos sirve (¿recuerdas la «elección sin elección» del apartado anterior?) y permitir estas pequeñas muertes crea espacio para el renacimiento y la renovación.

Este es un aspecto importante a la hora de dejar surgir la creatividad; recuerda, los troncos del fuego se encienden cuando hay espacio suficiente debajo para que el oxígeno prenda. Esto es lo que quieres: espacio para que prenda tu llama. Cuando dejas que la vida te dirija, puedes sentirte en un vacío: un lugar de ambigüedad donde no sabes nada. Retirar las capas que te definían como creías ser y mostrarte vulnerable para poder convertirte en quién eres en realidad es un acto verdaderamente valiente.

Es hora de pintar saliéndote de la raya, de jugar, crear y expresar tu propio color en el mundo. Cada uno lo hará a su manera. Algunos tendrán la valentía de trabajar menos y hacer más de padres. Otros se atreverán a crear un edificio cubierto de espejos porque su chispa desea convertirse en llama. Otros serán más valientes para compartir lo que sienten en una situación.

Valentía

A veces el cambio llega irrumpiendo en nuestras vidas.
Un divorcio, un despido inesperado, un mensaje que no iba
dirigido a nosotros, un accidente que deja un hueco en la mesa
donde debería sentarse un padre. Otras veces, es algo gradual.
Algo que va formando meandros como un río perezoso, casi
inadvertido en el trasfondo de nuestras vidas. ¿Y si la valentía
es un susurro bajito y no un rugido salvaje? ¿Y si solo se trata
de ser valiente para enfrentarte a la verdad de una situación
en la que te encuentras y posicionarte con respecto a ella?
¿Y si fuera decir: «Esto ya no alimenta mi alma y lo sé»? ¿No
necesitar plantear todos y cada uno de los posibles escenarios
y sopesarlos en la mente, sino simplemente dar un paso? Un
paso que lleva a otro, y así, de manera sucesiva y lenta pero
con paso firme, se convierte en un catalizador para el cambio.
¿Y si tuvieras la valentía de cambiar la vida para sentirte más
feliz, más equilibrado, más vivo? ¿Qué pasaría entonces?

Es fácil encallarse al empatizar en exceso con la posición
de otro. No emprender acciones que serían buenas para uno
mismo porque se teme herir a la otra persona o hacer que
se sienta rechazada o, peor aún, se enfade y se vengue. La
sencilla verdad es que aquello que es bueno para ti también lo
es para los demás.

Expresión

¿Cuándo fue la última vez que expresaste lo que querías, lo que de verdad querías? No hablo de una casa más grande o un coche más rápido; hablo de tus sueños secretos. Los deseos que laten en tu interior y necesitan desesperadamente tu aliento para alimentar las llamas que se apagaron hace tiempo. Este lugar de tu interior que sabe por qué estás aquí y anhela compartir esto con el mundo. Este lugar de expresión de quién eres. Tu esencia.

Todo este libro es un viaje para ayudarte a volver a conectar con tu esencia, para llevarte de regreso a casa, a ti. Y ahora hay dos preguntas que te ayudarán a seguir con tu búsqueda. ¡Se trata de grandes preguntas! Son estas: ¿quién soy? y ¿por qué estoy aquí?

Contestar a estas preguntas no tiene por qué ser un proceso rápido, aunque puede que ya poseas las respuestas. Si no, puedes pasarte toda la vida sopesándolas y dejando que las respuestas evolucionen contigo. Lo que importa es que halles la manera de expresarlas en este momento.

Aventura

Ha llegado el momento de tomar todo lo aprendido y salir a la aventura. Te he guiado hasta aquí, pero debes crear solo tu propia aventura. ¿Qué es lo que más necesitas? ¿Qué hará cantar tu corazón?

Sí, eso. Hazlo.

Te prometo que no te arrepentirás.

Segunda parte

• • •

Resistencia

He perdido la cuenta de las veces que he oído las palabras:
«Tengo demasiadas cosas que hacer para poder tomarme una
pausa». Y bajo esta frase noto otros sentimientos, como el
pánico, el miedo y la resistencia. La excusa de estar demasiado
ocupado parece llenar de orgullo a quien la esgrime. Las
jornadas laborables empiezan antes y acaban más tarde;
la semana laboral empieza ahora respondiendo correos
electrónicos el domingo por la noche para hacerse la ilusión
de que el día siguiente se iniciará ya preparado. La hora del
almuerzo está desapareciendo. El preciado tiempo en familia
que los padres pueden pasar con sus hijos se encoge cada vez
más. Los momentos de descanso y relajación se reservan para
las vacaciones y ni siquiera entonces nos alejamos del móvil.

Hay ruido tanto fuera como dentro de nosotros. Infinidad de
correos electrónicos, responsabilidades enormes, fechas de

entrega imposibles y exigencias excesivas alimentan nuestras mentes, ya sobreestimuladas. La cultura occidental es capaz de navegar, volar y conducir casi a cualquier lugar que se elija. Podemos conectarnos virtualmente con personas de todo el planeta apretando un botón. Podemos saber lo que pasa en el mundo y más allá en el preciso momento en que ocurre.

Los anuncios nos llenan de sueños y deseos por cosas que ni siquiera sabíamos que nos importaran. Los medios de comunicación nos dividen, nos llenan de miedo y temores. Somos adictos a las redes sociales y comparamos nuestras vidas con las de «amigos» que en el mundo real son prácticamente desconocidos. Los políticos nos manipulan con promesas que sirven a sus propios intereses y enmascaran la verdad de sus acciones mientras aplastan a los que se atreven a hablar en su contra. Para colmo, la Tierra, nuestro hogar, está fracturada sin remedio. Si te planteas la idea de que el mundo exterior refleja nuestro mundo interior, entonces la mayoría de personas no viven en paz hoy en día. En el ajetreo diario, lleno de ruido, cháchara procedente de la televisión y la radio, mensajes de texto, vídeos de YouTube y tuits, puedes pensar que estás más conectado que desconectado. Vivir la vida de forma virtual, a través de las experiencias y pensamientos de los demás, se ha vuelto algo normal. Los niños que nacen hoy no conocen nada más. Somos seres sociales, que anhelamos la conexión, pero el mundo digital proporciona solo una de carácter superficial. Cuanto más nos alejamos del contacto personal con los amigos, la familia, los colegas y las comunidades, más nos desconectamos de nuestros sentimientos, cuerpo, corazón y sabiduría.

El mensaje oculto es: cuanto más ocupados estamos, más valiosos somos. Nos han inculcado que perder el tiempo es un pecado. Estoy seguro de que muchos lectores energéticos, trabajadores y concienzudos siguen pensando en su interior que son unos holgazanes. Es lo que nos impide tomarnos un día de descanso cuando estamos enfermos y nos hace preferir ir a trabajar. Es lo que nos impide apagar el móvil y prestar atención a la persona que tenemos delante. Es lo que nos hace acostarnos agotados pero nerviosos noche tras noche.

La realidad es que simplemente no somos capaces de aguantar este ritmo sin perder la salud. Caminamos como sonámbulos hacia una bomba de relojería que hará estallar nuestra salud. Comer mal, no hacer ejercicio físico, presionarnos más en el trabajo, dormir poco: todo es consecuencia del estrés debido a estar desconectados. La Organización Mundial de la Salud predice que el estrés debido al trabajo, el síndrome de desgaste profesional y la depresión serán las enfermedades predominantes en el mundo hacia 2020.

Esta manera de vivir es agotadora. Mira a tu alrededor. Se escucha el cansancio en la voz de las personas, se ve la ansiedad grabada en sus caras y en sus cuerpos. Llamamos a esto vida, pero este tipo de existencia es vacua, inerte. Le falta vitalidad o chispa. No hay llama ardiendo en su interior. Se acaba haciendo lo que toca sin sentirse parte de nada. Uno hace de espectador de su propio espectáculo.

En ocasiones es precisamente al desconectar cuando somos más productivos.

Por supuesto, ¡este libro no trata de no hacer nada! Hay que entrar en funcionamiento, hacer cosas y vivir la vida. No obstante, hay una diferencia entre estar ocupado y hacer las cosas de manera revitalizante, y estar «siempre en marcha» y sufrir estrés y ansiedad sin ni siquiera saberlo. Para muchos de nosotros, tachar cosas de nuestra lista y ver resultados nos aporta una sensación de logro, pero creemos que somos buenos según las cosas que logramos; estamos a merced de medir nuestro valor en función de la lista de tareas culminadas.

Dado que la mayoría de las listas de tareas son prácticamente imposibles de cumplir, se crea la situación perfecta para perpetuar una autoestima baja. A veces nuestros logros se basan en el miedo: tememos meternos en un lío si no cumplimos con una fecha límite o tal vez nos esforzamos por realizar un trabajo ejemplar pero por dentro nos mueve el miedo a que nos despidan y ya no tengamos nada que ofrecer a la familia. Este tipo de energía es un «subidón de adrenalina» enraizado en la conocida respuesta biológica del organismo que lo prepara para quedarse quieto, huir o luchar con el fin de sobrevivir. Pero no nos diseñaron para alargar esta respuesta en el tiempo. Esta reacción servía solo para activarnos en caso de amenaza. Hoy en día, sin embargo, muchos de nosotros nos comportamos desde un estado de supervivencia y creemos que vivimos bajo una amenaza continua y en una alerta constante. El ritmo cardíaco elevado, las palmas de las manos sudorosas, una digestión más lenta: todo se vuelve tan normal que casi no somos conscientes de que está pasando algo poco habitual.

El poder de la pausa es que se puede hacer lo mismo, pero invirtiendo menos energía en ello. Cuando vivimos en el modo supervivencia, la mente se vuelve muy activa. El inofensivo parloteo de fondo que todos conocemos —como «¿Qué voy a hacer para cenar?»— va en aumento cuando sentimos una amenaza. Si esta existe —ya sea real o percibida—, el parloteo de la mente se vuelve más vivo y dice cosas como: «No soy lo bastante bueno, se darán cuenta y tendré que encontrar otro empleo». Este nivel de presión interna presenta múltiples versiones, todas las cuales —si las escuchamos en nuestra mente— suenan reales y verosímiles.

Cuando hacemos una pausa,
no solo reducimos la presión,
sino que además podemos dirigir
nuestra atención a las cosas
que nos importan de verdad.

¿Por qué cuesta tanto bajar el ritmo?

¿Qué hace que resulte tan difícil nadar contra la corriente
del ajetreo cuando sabemos que en el fondo no nos conviene?
Imagina una situación como esta: te despiertas una mañana
de buen humor, el sol brilla y, aunque te estás preparando
para ir al trabajo, canturreas mientras te preparas el café.
El trayecto al trabajo es sorprendentemente tranquilo y
llegas a una buena hora. Todo va bien. Entras en la oficina
y enseguida notas tensión en el ambiente. Aprietas la
mandíbula y la musculatura del cuello se contrae. El corazón
te late un poco más deprisa y no tienes idea de por qué. No va
todo bien. Entonces un colega te dice que va a haber despidos.

Esto es lo que yo llamo un proceso paralelo, lo cual significa que
un grupo de personas difunden un estado de ánimo entre ellas
a toda velocidad. Algunas veces, existe un desencadenante que
inicia el proceso, otras no hay ningún motivo aparente, pero los
sentimientos son igual de fuertes. Si uno observa el ejemplo
anterior y piensa a mayor escala, comprende lo fácil que
resulta que comunidades, países y continentes experimenten
un proceso paralelo. Se condiciona mediante la religión, la
educación, el gobierno y los medios de comunicación, y es
algo tan normal que ni siquiera nos percatamos de ello. Esto
crea una corriente sumergida de miedo, y a menudo las
personas atemorizadas se apresuran. Se nota en sus voces:
hablan más deprisa y su respiración se vuelve más superficial
y veloz. Entonces estas personas se encuentran en una rueda
para hámsteres, dando vueltas una y otra vez sin poder
bajarse. Aunque uno se atreva a reducir el ritmo, el riesgo

es que, al hacerlo, los sentimientos incómodos crezcan. La mayoría de nosotros no queremos sentir las emociones que vivimos día a día. Tememos estos sentimientos y preferimos esconderlos y controlarlos por miedo a lo que pudiera ocurrir si permitiéramos que afloraran. El riesgo de abrir la caja de Pandora es demasiado elevado. ¿Y si los sentimientos se manifestaran y no hubiera forma de detenerlos? No, es mucho más fácil seguir adelante y esperar que todo salga bien.

¿Y si la vida es así? Es difícil y rápida, y hay que sobrellevarla. Para muchas personas esta sería la verdad. Para la mayoría, la idea de hallar quietud resulta demasiado ambiciosa, demasiado lejana, demasiado incomprensible. Pero algunos de nosotros —tú, quizá, y por eso estás leyendo este libro— comprendemos que cuando lo que parece importante pasa por encima de lo que verdaderamente lo es, se produce un desequilibrio. Nos damos cuenta de que, en el caos, las cosas que preciamos y valoramos se erosionan. Vemos esta realidad y no sabemos qué hacer con ella. Queremos otra vía, una que nos permita estar despiertos, implicarnos en la realidad y sentirnos en paz. En lugar de juzgar las experiencias de forma binaria, «esto estuvo bien» o «esto estuvo mal», podemos mostrarnos curiosos por los acontecimientos de nuestra vida. Con este enfoque, la vida se convierte en un maestro y nosotros somos nuestros mejores guías.

💧💧 Lo mejor que uno puede hacer cuando llueve es dejar que llueva. 💧💧

– Henry Wadsworth Longfellow

Aceptar la incertidumbre

Los deseos humanos se expresan de muchas maneras singulares, pero cuando profundizamos en ellos, suelen ser parecidos: pertenencia, conexión, amor y felicidad. Pero los giros de la vida pueden complicar las cosas. Pérdidas inesperadas, mudanzas, divorcios, hijos, ascensos y enfermedades implican que el camino hacia nuestros deseos casi nunca sea recto. No obstante, por mucho que lo sepamos de manera racional, seguimos luchando contra ello, a menudo mientras pensamos que el camino debería ser más fácil. Cuando los acontecimientos parecen alejarnos de nuestros deseos, es posible que enseguida nos reprochemos haber fracasado o llegado tarde, habernos encallado o incluso estar gafados. Nos parece que los deseos quedan lejos de nuestro alcance, en especial cuando hemos seguido un camino cuidadosamente reflexionado que pensábamos nos conduciría directos a la felicidad. Mientras seguimos el camino, dando pasos diligentes y enfrentándonos con determinación a los obstáculos, puede que entreveamos un instante el brillo de la felicidad al conseguir un objetivo menor. Pero la felicidad interior es fugaz y nos centramos de nuevo en el exterior.

Con el tiempo esto se convierte en un intercambio. Si sufro ahora, en el futuro seré feliz. Si ahora trabajo lo suficiente, puedo ahorrar y ser feliz el día de mañana. El problema es que «el día de mañana» no llega nunca. Es una trampa; el estado de felicidad permanente sigue estando seductoramente más allá de nuestro alcance.

Nos pasamos la vida en el **laberinto**, pensando que un día escaparemos y será maravilloso, e imaginar este futuro nos mantiene en marcha, pero este nunca llega. Uno solo utiliza el futuro para escapar del presente.

– John Green,
Buscando a Alaska

No me puedo quejar

Mientras imaginamos esta felicidad futura, sabemos que debemos estar agradecidos por todo lo que tenemos. Tal vez por un buen trabajo, una pareja que nos quiere, unos hijos maravillosos, amigos y familia. No podemos quejarnos, por eso escondemos nuestro descontento. Los sentimientos de insatisfacción quedan ocultos y seguimos adelante. Pero al ignorar el descontento, la infelicidad o la ansiedad, también suprimimos la alegría y la emoción. Poseemos un amplio espectro de sentimientos, algunos de los cuales los percibimos como positivos y otros como negativos. Si suprimimos los negativos, también empezaremos a bloquear los positivos. Entonces andaremos como zombis por la vida, sumergidos en la rutina, con la esperanza de que algún día el futuro sea mejor.

La felicidad, como todos los sentimientos, es una experiencia del momento, no algo que deba esperarse que ocurra en el futuro. Del mismo modo que no podemos intercambiar el presente por una felicidad futura, tampoco podemos aferrarnos a la felicidad. Como todas las emociones, está diseñada para fluir. Pasa. Llega y se va. No es un estado permanente. Lo mismo ocurre con el amor y la conexión.

Para ser verdaderamente feliz hay que ser capaz de experimentar todo el espectro de sentimientos; esto es lo que convierte en difícil parar y hacer una pausa. Al bajar el ritmo, los sentimientos que siempre han estado ahí empiezan a aflorar: el dolor, la soledad. Puede parecer que la pausa nos hace sentir peor, ¿y quién quiere eso? Pero al realizar la pausa te animo a acoger todas las emociones, a experimentarlas en su plenitud y a permitir que fluyan. Como vamos tan rápidos, apenas podemos respirar, por no hablar de observar nuestro propio viaje por la vida.

Dar la espalda a la soledad
significa cerrar la conexión.

Ignorar el dolor significa negar el amor.

Cerrar los ojos a la rabia
significa pasar por alto el éxtasis.

La pregunta es: ¿prefieres permanecer dormido o enfrentarte al dolor?

El espacio permite fluir.

La conexión permite la confianza.

El permiso trae la libertad.

Si no haces una pausa, la vida te la impondrá

Imagina lo siguiente. Estás haciendo los preparativos para las vacaciones, te sientes emocionado porque has estado trabajando muchísimo y sabes que te irá bien descansar. La última semana en la oficina es intensa mientras haces los preparativos para marcharte. El fin de semana pasa volando, mientras compras protección solar, cambias divisas, buscas el adaptador para los enchufes y actualizas el lector de libros electrónicos. Llegas al aeropuerto, te dejas caer en tu asiento del avión, completamente agotado, y caes dormido enseguida. Al despertar, notas que te duele la garganta, pero lo achacas al aire acondicionado del avión. De camino hacia el hotel sientes pesadez y dolor en las articulaciones, pero asumes que se debe a haber dormido en una posición incómoda. Al llegar al hotel te duele la cabeza y tienes fiebre, pero piensas que se trata solo de una deshidratación. Cuando llegas a tu habitación, te das cuenta de que tal vez sí estés enfermo y te echas vestido en la cama dispuesto a pasar una mala noche. Las vacaciones, que iban a ser una divertida aventura, se convierten en la recuperación para el siguiente asalto en la oficina. Y así una y otra vez.

Esta no es una historia poco habitual, sino que ilustra lo que nos ocurre a muchos a diario, al llevar nuestro cuerpo al límite. Presionarnos tanto requiere ignorar nuestra sabiduría innata. A menudo el cuerpo intenta comunicarse con nosotros mediante síntomas físicos, pero desconectamos de forma literal de nuestro instinto natural y escuchamos el incesante parloteo mental que nos dice que hay que «seguir adelante». Al hacerlo, sometemos el cuerpo a una enorme tensión. Nuestro organismo

está diseñado para sobrevivir y somos increíblemente resistentes, capaces de soportar niveles elevados de estrés, mala nutrición y sueño mínimo durante largos períodos de tiempo. Aun así, como indica esta historia, cuando nos detenemos tras un período continuado de presión y estrés extremos, las defensas del organismo caen. Con un sistema inmunitario debilitado, el cuerpo no es capaz de seguir combatiendo y enfermamos. Yo llamo a estas situaciones, cuando la vida nos detiene, «pausas forzosas». Pueden adquirir muchas formas —una pérdida, un despido, la ruptura de una relación— pero son un recordatorio de que si no hacemos una pausa, la vida nos la impondrá.

Aprendí a hacer una pausa por las malas.

Fue un choque poco elegante contra un montón de porquería.
En otoño de 2011 tuve que aislarme del mundo durante tres meses.

Fue un brutal golpe de atención.

Yo era una empresaria de altos vuelos, dirigía dos compañías, vivía
en Singapur y pensaba que estaba disfrutando de la vida al máximo.

En una granja aislada de Cornualles, en el vacío de la falta de
contacto con el exterior, comprendí lo enferma que estaba. Entonces
inicié el lento proceso de reconstruir mi maltrecho cuerpo y respirar
para revivificar mi alma.

No me arrepiento de lo sucedido ni de los acontecimientos
que me llevaron hasta ese punto.

Era la lección que debía aprender en aquel momento de mi vida. La
buena noticia es que suelo asimilar las enseñanzas deprisa y, con
la experiencia, comprendí que la vida me había obligado a tomar
una «pausa forzosa». Al reflexionar vi que había recibido señales,
las cuales llevaban advirtiéndome un par de años.

De hecho ignoré las señales durante tanto tiempo que la vida tuvo que mostrármelas con luces de neón.

Por ejemplo, mi cuerpo me había estado gritando: simplemente asumí que el dolor en las articulaciones (y un montón de otros síntomas) eran achaques normales de la edad. Al fin y al cabo, pasaba de los cuarenta y esto es lo que sucede entonces, ¿no?

No. Vivía engañada.

Necesitaba vivir en mi mundo de fantasía para seguir alimentando la adicción al trabajo y a mi estilo de vida, para continuar rasgando de manera viciosa mi autoestima y aferrarme a las historias negativas que me contaba sobre mí misma.

Las pausas forzosas suelen ocurrir cuando estamos demasiado ocupados, desconectados o quemados para advertir y leer las señales de nuestro alrededor. La vida siempre se comunica con nosotros, nos envía señales de alerta cuando no vamos bien, y nos apoya y acompaña cuando sí lo estamos. Cuanto más estamos sintonizados y captamos las señales, fluimos mejor con los acontecimientos de nuestras vidas. Esto no evita que sucedan cosas —al fin y al cabo, los principios y los finales forman parte del flujo natural de la vida—, pero nos permite enfrentarnos mejor a ellas. Al principio, las señales son sutiles: una corazonada o algo que no sale como esperábamos; es posible que en ese momento no notemos estas señales sutiles. Tal vez no queramos escuchar el mensaje que nos transmiten o prefiramos vivir en la fantasía de una historia que hemos tejido con delicadeza. Imagina, por ejemplo, que le entregas tu corazón a alguien, aunque todas las señales indican que esa persona no está interesada en ti. Por supuesto, es menos doloroso para ti ignorar las señales pero, en cuanto lo haces, vives una fantasía. Las señales son más fáciles de interpretar cuando nos dejamos de fantasías y vivimos la realidad.

Hay momentos en que un aspecto de la vida nos va bien y otro se hunde. Es raro que todos funcionen a la perfección y estemos libres de sufrimiento y deseo. Nada es estático. Incluso las montañas más sólidas siempre están en movimiento: se desplazan y evolucionan. Es lo que hace la naturaleza, y la naturaleza de la vida consiste en un cambio constante. Los ríos fluyen. La noche sigue al día. Las estaciones cambian. Existe un ciclo continuo de nacimiento, muerte y renacimiento, y no es realista esperar que la vida se quede quieta. Todos estamos acostumbrados a los pequeños giros y cambios de la vida. Aceptamos la secuencia de las estaciones, el flujo y reflujo de las relaciones, los altibajos de la vida laboral.

En otros momentos parece que estamos a merced de la incertidumbre, el bloqueo y la ansiedad, que nos golpean con tanta fuerza que nos duele. Entonces las señales sutiles empiezan a convertirse en acontecimientos, a veces pequeños —extraviamos el bolso, se nos estropea el ordenador, perdemos un avión— y luego más significativos. De repente, de la nada, nos hallamos en un lugar donde nos espera un gran cambio. En lugar de observar el río dibujando meandros, estamos en lo alto de un acantilado mirando al mar. Es grande, alto y da miedo, pero también resulta estimulante, y estamos sin aliento. Casi todos vivimos momentos en que la vida se agita de repente a nuestro alrededor. Uno llega al trabajo, pensando que es un día cualquiera, y resulta que le despiden, se queda en el paro, sin medios para pagar la hipoteca y las facturas. El miedo se apodera de él.

O fallece un ser querido. Pensábamos que teníamos tiempo, toda la eternidad. Pero la muerte puede llegar en cualquier momento, sin contemplaciones ni sentido, injustamente. Se lleva al padre, a la pareja, al amigo, al hijo. Uno se queda temblando y perdido, llorando o sin lágrimas en la fase de negación, dolido, triste y tal vez enfadado: «¿Cómo te atreves a morir y dejarme? ¿Cómo puedes abandonarme así? ¿Cómo puedes ser tan cruel?». Y uno apenas sabe si habla con Dios, la Vida, el Destino (en lo que uno crea o no) o con la persona desaparecida.

O bien llegas a la consulta del médico esperando que te diga que debes comer mejor o hacer más ejercicio, o que tal vez te recete una tanda de antibióticos. O que tu hijo tiene una simple enfermedad normal y corriente. Pero ahí sentado, escuchas palabras salidas de tu peor pesadilla: cáncer, tumor, enfermedad coronaria, intervención, no operable, hospital... De hecho, dejas de oír cosas porque el corazón te late deprisa y la mente se te ha desconectado.

O coges el móvil, que está vibrando, y ves un mensaje de texto que no iba dirigido a ti. O se sienta, cansado y aburrido, tras otra discusión, otra pelea. O literalmente te encuentras abatido al haber roto por enésima vez la promesa de «nunca más». Sabes que se ha terminado. Aunque no haya ningún drama ni gran pelea, el final de una relación puede notarse como si a uno se le partiera el alma. Donde antes había dos, ahora solo será uno. Incluso si es un alivio, también existen preocupaciones: cómo sobrellevarlo, cómo seguir adelante con dignidad, cómo vivir solo, cómo proteger a los hijos, cómo protegerse el corazón.

Unas veces, las pausas forzosas son acontecimientos dolorosos que nos parten el alma. En otras ocasiones se viven como una resignación en silencio, un momento en que se llega a una conclusión, a sabiendas de que la vida no va bien. La sensación de que debe de haber algo más, algo mejor (o más simple), algo que haga cantar al alma, sonreír al corazón, bailar a los pies. Pero, por el hecho de desearlo, no resulta menos escalofriante.

¿Por qué pasa esto? Es realmente importante recordar que las pausas forzosas no son algo malo. No significan que uno haya hecho algo mal ni que deba sentirse culpable. Son la manera de aprender lo que debemos comprender en un momento dado, aunque pueda resultar duro y doloroso. Las pausas forzosas no son la única manera de aprender, por supuesto, pero a menudo, cuando pasamos por alto las señales sutiles de la vida, los mensajes deben subir de tono para que veamos las cosas con claridad.

> Es momento para "la pausa", el lugar universal para detenerse. El momento universal de reflexión.
>
> – Alice Walker

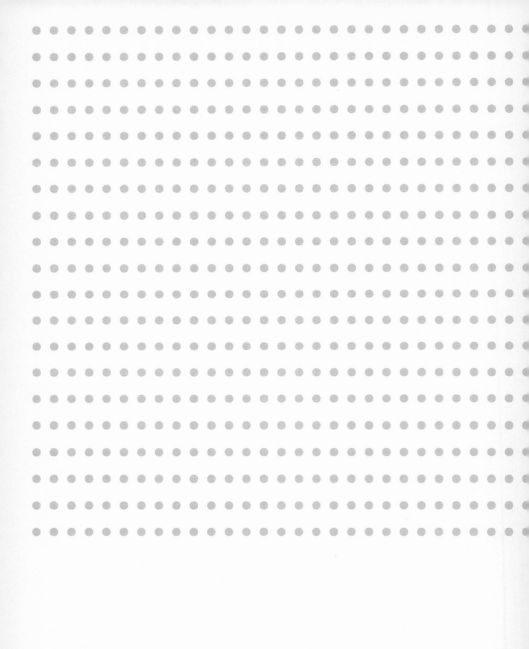

Tercera parte
• • •
El proceso de pausa

● ● ● Pausa

¿Qué funciona en este momento?

Cuando uno realiza una pausa para examinar su vida, es
fácil pensar solo en las cosas que están rotas. De hecho, no
hay nada que lo esté, aunque sé que puede resultar difícil de
creer. En medio de las turbulencias, el miedo y la ansiedad,
es posible que notes el cuerpo tenso y te cueste respirar.
La tensión te asusta aún más. Ahora mismo es importante
acordarse de respirar: todo saldrá bien.

Respira...

Antes de embarcarte en un cambio, debes responder a unas cuantas preguntas. Antes de empezar a buscar el futuro, debes dedicar un tiempo a examinar el presente. ¿Qué está pasando aquí, ahora, en tu vida? Muchos vivimos anclados en el pasado o con la vista en el futuro. ¿Y tú?

¿Cuántas personas conoces que se pasan la vida proyectando un cuento de hadas? ¿Eres una de ellas?

«Todo será maravilloso cuando pierda peso...»

«Solo quiero conocer a mi alma gemela; entonces mi vida será perfecta...»

«Si me tocara la lotería...»

«Si pudiera vivir en el campo/la ciudad/ una casa más grande/ mejor, la vida sería fantástica...»

O culpamos a nuestra mala suerte. Lamentamos las cosas que han salido mal; hablamos de nuestras malas elecciones en el pasado, nuestros errores, nuestra desafortunada historia.

«¿Por qué tuve que perder el empleo?»

«¿Por qué siempre elijo parejas equivocadas?»

«¿Por qué la eligieron a ella y no a mí?»

A veces las preguntas son casi insoportables...

«¿Por qué no puedo tener un hijo?»

«¿Por qué tuvo que morir la persona a la que quería tanto?»

«¿Por qué tuvo que ocurrir aquel accidente?»

¿Dónde está el presente en estos casos? Perdido. Y, no obstante, al menos parte de la clave para superar los grandes cambios radica en lo que ahora está en nuestras manos. Puede ser fácil olvidar las cosas que funcionan bien en nuestra vida cuando nos enfrentamos al cambio. Mientras que habrá aspectos de tu vida que no vayan bien, casi todos tenemos algo que sí lo hace y puede ser nuestra ancla en un momento de cambio.

Pulsa el botón de pausa

Voy a guiarte a través de un ejercicio de mapas mentales. Si no conoces este último concepto, es fácil de captar. Un mapa mental es una manera sencilla de descargar los pensamientos de forma gráfica para verlos con facilidad. Empieza ubicándote en una burbuja en el centro de la página y luego dibuja el mapa de tu vida ilustrado con diversos aspectos.

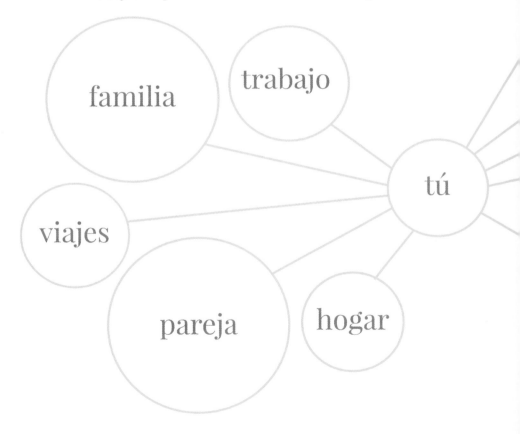

salud

creatividad/
aprendizaje

amigos

espiritualidad

dinero

Puedes añadir otras categorías. Ahora anota todo lo que funciona bien en cada aspecto. Algunas burbujas quedarán llenas y otras visiblemente vacías. No importa. Esto te permitirá ver que quizá no toda tu vida precisa una revisión, sino solo algunos aspectos. Y podrás realizar el seguimiento de aquellos que deseas mantener. Aunque puede resultar tentador echarlo todo dentro del mismo cesto, se corre el riesgo de descartar lo bueno junto con lo malo.

Observa de nuevo tu mapa mental. ¿Qué aspectos de tu vida funcionan bien? ¿Qué personas te apoyan? ¿Qué cosas vale la pena conservar?

Acuérdate de respirar...

Ahora respira hondo. Y otra vez. Y otra más. De hecho, cuando las cosas te superen y te sientas abrumado, te invito a tomarte una pausa y respirar. Existe toda una filosofía y práctica en torno a la respiración. Hace miles de años, muchas culturas antiguas descubrieron que, si deseas cambiar tu manera de sentir, debes concentrarte en la respiración. Los yoguis descubrieron que podían provocar cambios profundos en sus cuerpos y mentes con tan solo respirar de forma diferente.

Pero no es necesaria ninguna técnica sofisticada ni complicada. Todo lo que debes saber ahora es que, cuando te sientas desorientado, asustado o perdido, puedes volver a casa con una simple respiración. En un latido. Siéntate, ponte de pie o túmbate, y siéntete conectado con la tierra. Si estás sentado o de pie, planta los pies con firmeza en el suelo. Tus raíces. Deja que la columna se alinee recta. Imagina que alguien tira suavemente hacia arriba de un hilillo atado en lo alto de tu cabeza. Te encuentras entre la tierra y el cielo. Siente el aire fresco que entra por tu nariz. No fuerces la respiración; deja que siga su ritmo natural y resulte fácil. Al espirar, nota que tu cuerpo ha calentado el aire. Tú solo has transformado el elemento del aire.

Tu respiración es tu hogar. Te conecta con el mundo que te rodea.

Respira.

Todo
saldrá
bien.

¿Qué es lo que quieres?

Cuando nos hacen esta pregunta, pensamos que disponemos de opciones limitadas o sentimos la tentación de pasar inmediatamente a la acción y empezar a planificar y actuar. Llegados a este cruce de caminos, tú vas a escribir el próximo capítulo. Puede parecer contrario al sentido común, en especial si tu mente se encuentra en un estado de pánico, pero ahora es el momento de contemplación y recuerdos. Tómate un momento. Ve a un lugar tranquilo. Acuérdate de respirar y date tiempo para plantearte las respuestas a esta pregunta: ¿qué es lo que quieres de verdad?

❝ Cuando sueñas en lo que es posible en tu vida, deberías saber que cualquier cosa lo es. Puede que no siempre lo sientas o lo veas, pero nunca, en ningún momento, careces de la capacidad para cambiar de rumbo.

Tu vida está sujeta a infinitas revisiones. ❞

— **Karmapa**

Vivimos nuestra vida más auténtica cuando soñamos despiertos.

– Henry David Thoreau

Sueña...

Ahora es un buen momento para permitirte soñar, sopesar las cosas y hacer una pausa, y recordar los deseos más profundos de tu corazón.

No sientas la tentación de pasar a toda prisa por esta parte del proceso. Eres como un gusano que teje su capullo: debes darte tiempo para crecer, cambiar y mudar. Esta fase debe desplegarse orgánicamente, a su debido tiempo, a su propio ritmo. Este es un momento para calmar los miedos y dejar fluir la creatividad. Es un período en el que pueden emerger nuevas ideas y la alegría es que pueden suceder en momentos extraños e inesperados. Tal vez una imagen vívida mientras sueñas o un repentino «¡ajá!» en la ducha, o te sorprendas a ti mismo sonriendo mientras empujas el carrito por los pasillos del supermercado al comprender algo de repente. Dar un respiro a la mente es una parte esencial del proceso; por tanto, no te fuerces a encontrar respuestas. Déjate respirar y recuerda qué es lo que quieres.

Tus deseos más profundos...

Es posible que hayas olvidado lo que quieres. Que hayas
perdido contacto con quién eres y lo que de verdad necesitas.
No es nada raro. Ocurre por muchas razones: quizá te has
perdido en el trabajo, en tu relación, como progenitor o
cuidando de alguien. Sucede de forma imperceptible, como
si una manta invisible nos velara el alma, hasta que somos
incapaces de volver a encontrar el camino de regreso a
nosotros mismos. A menudo mis clientes no se atreven a
admitir lo que quieren y necesitan, y en vez de ello concentran
todas sus energías en satisfacer a otras personas. Es como
si nos convenciéramos de que es egoísta dar prioridad a
nuestras necesidades. Por ahora voy a animarte a escucharte
a ti mismo para variar. Deja que tus deseos más profundos
burbujeen hacia la superficie.

Deja que tus sueños afloren

La mayoría de nosotros albergamos deseos que la mente tacha de «locuras», que «nunca funcionarán», que «están fuera de tu alcance» o son «castillos en el aire». Deseos que queman en nuestro interior y nunca desaparecen a pesar de nuestros esfuerzos por relegarlos.

Tras apartar una y otra vez tus deseos, necesitarás cierto tiempo y ánimo para permitir que vuelvan a aflorar. Necesitas tiempo y espacio para conectar con estos aspectos de tu ser. Además de descubrir información en el reino de la mente lógica, puede que también la obtengas del estómago o el corazón. Una buena manera de acceder a estas partes de uno mismo es a través de un medio creativo como el dibujo o la escritura.

Pulsa el botón de pausa

Voy a guiarte a través de un ejercicio creativo llamado escritura de flujo libre. Primero, debes crear un espacio cómodo y tranquilo, y considerarlo un lugar sagrado para ti. Si quieres, enciende una vela, trae una flor de fuera, prepara un té, quema incienso o abre una ventana para notar la brisa. Haz aquello que te haga sentir bien, cómodo y relajado. Cuando estés listo, harás esto:

• • •

En la parte superior de una página en blanco
de tu diario escribe: «Lo que quiero es...»

• • •

Ahora, sin pensar, llena al menos dos caras de papel
con las palabras que te salgan.

• • •

Acuérdate de seguir respirando mientras escribes.

• • •

No te preocupes por si tiene sentido o es coherente.
No hay reglas: deja fluir las palabras.

• • •

Si te encallas, vuelve con calma a la afirmación
«Lo que quiero es...» y deja que surjan
más palabras.

• • •

No hay ningún objetivo para este ejercicio de escritura.
Solo que escuches lo que te dicte el corazón.

• • •

Cuando termines, deja el diario y siéntate durante un
momento. Date tiempo para respirar de forma natural y
notar cómo se siente tu cuerpo. Si surge alguna emoción,
sigue respirando y simplemente deja que esté presente.

• • •

Todo está bien.

¿Qué te hace prosperar?

Cuando nos encontramos bajo presión o ansiosos por cómo nos va todo, con frecuencia nos esforzamos por controlar las cosas. Buscamos afuera, centrándonos en un aspecto manejable de la vida cotidiana. Emprendemos una acción, la que sea, aunque se trate de limpiar la casa de forma obsesiva o teclear con la calculadora, una y otra vez, calculando y recalculando nuestras finanzas. Por supuesto, controlar aspectos externos no nos proporciona respuestas, porque la confusión interna sigue dentro. Obsesionarse, controlar o planificar las cosas de manera frenética puede, de hecho, alejarnos de nuestro verdadero ser, sin dejar que salga a la luz la información sobre quiénes somos en realidad para poder incorporarla a nuestras decisiones.

> Me levanto para saborear el amanecer y descubro que hoy solo brillará el amor.
>
> – Ken Wilbur

¿Qué hace que tú seas tú?

Tú, como todos los demás, posees tu propio mapa personal. Tu forma de ver el mundo, de interactuar con él, de implicarte con los demás y de participar en tu vida es en parte el reflejo de tus valores, creencias, asunciones y cualidades. Comprender tu «mapa» te proporciona el esbozo de las circunstancias que necesitas para prosperar.

Tus valores personales son una parte invisible que sienta las bases de tu mapa y forma parte integral de aquello que hace que tú seas tú. Los valores suelen ser algo tácito, pero se vuelven evidentes para los demás a través de nuestro comportamiento. Es posible que asumas que los otros comparten tus valores básicos. Sin embargo, como cada persona posee su propio mapa, no siempre se da el caso. Cuando nuestros valores se ven amenazados es probable que experimentemos rabia, indignación o una sensación de injusticia.

Observa la imagen de los valores personales: ¿cuáles son verdaderamente importantes para ti? ¿Cuáles están ausentes?

amor

honor

conexión

pertenencia

sinceridad

crecimiento

justicia

respeto

servicio

libertad

lealtad

integridad

trabajo
en equipo

ecuanimidad

No solo se trata de tus valores. ¿En qué tipo de entorno prosperas? ¿Dónde te encuentras mejor? Piensa en momentos, ya sea en el trabajo o en casa, en que te sintieras como «en casa». Para cada persona es distinto. Algunos necesitamos sentirnos seguros en todo momento; otros necesitan notarse «fuera», al límite. Algunos preferimos trabajar o vivir solos; otros necesitan rodearse de una pequeña comunidad bien avenida; unos terceros prosperan en grandes y bulliciosas organizaciones o ciudades.

Brilla.

¿Qué te enseña tu propia historia?

La vida es inesperada y el cambio es un aspecto inevitable del día a día. A cualquiera que le preguntes, te dirá que su vida ha sido una mezcla de buenas y malas experiencias. La vida no es una línea plana, un viaje apacible ni una travesía tranquila. Está llena de altibajos, y el cambio y la incertidumbre son factores naturales. A menudo, en momentos de cambio, la incertidumbre puede hacer parecer que estos períodos son malas épocas; sin embargo, una vez hemos pasado por la experiencia y poseemos mayor claridad, es más fácil mirar atrás y ver que el cambio llevó consigo grandes e inesperadas recompensas.

Es útil pensar en la vida como una colección de historias cortas en lugar de una única y extensa escena. No es un requisito conocer el final de la historia, ¡por tentador que resulte leer las últimas páginas! En lugar de eso, lo que puede ser útil es explorar los capítulos que ya se han escrito, es decir, las situaciones en que ha estado uno a lo largo de su vida, con el fin de descubrir pistas sobre el futuro.

La clave aquí está en estudiar lo que hasta ahora te enseña tu historia sin necesidad de recordar cada detalle de las innumerables experiencias que forman tu vida.

Pulsa el botón de pausa

Para aprender lo que te enseña tu historia, voy a ayudarte a realizar un sencillo ejercicio de cronología. El primer paso consiste en elegir un período de tu vida: puede ser el pasado año, el último lustro o década, o un período más corto si lo prefieres. Una vez decidido el marco temporal, quiero que hagas esto:

- Coge un papel y elabora una lista con los meses del marco temporal elegido.

- Para cada mes, anota acontecimientos clave que sucedieran entonces. Si tienes que consultar tu diario, hazlo. A algunas personas también las ayuda revisar las redes sociales.

- Anota cómo te sentiste ante estos acontecimientos.

Ahora toma otra hoja de papel, grande si es posible.

- Dibuja un eje vertical en la parte izquierda de la hoja y otro horizontal en el centro.

- El eje horizontal representa el paso del tiempo; el vertical es cómo te sientes. En lo más alto del eje te sientes conectado, feliz, implicado. En el punto más bajo te sientes decaído, desconectado y alienado.

- Marca todos los acontecimientos en la gráfica para empezar a formar una imagen.

Una vez dibujada la gráfica, dedica un momento a observar la historia de este capítulo de tu vida. ¿Qué ves? ¿En qué momento prosperaste? ¿Qué te faltó? ¿Qué lecciones puedes extraer de ello?

Este tipo de mirada hacia atrás es una oportunidad para ver el rastro de migas de pan. Es una manera de empezar a unir los puntos. No vemos la historia que está por venir, pero podemos comprender la que dejamos atrás.

Cuanto mejor comprendas lo que te ha funcionado bien en el pasado y sepas lo que te ha faltado en momentos clave, llegarás a conocerte mejor.

Esta cronología también puede ayudarte a comprender por qué te sientes como te sientes.

En ocasiones, si la vida ha sido particularmente turbulenta, nos puede «anestesiar» para seguir adelante. Supervivencia. Un instinto útil, ¿verdad? No obstante, cuando estamos anestesiados, corremos el riesgo de reducir la experiencia, que se vuelve menos significativa de lo que en realidad fue.

Dibujar esta línea temporal puede ayudarte a aceptar tu realidad. Puede servir para dar sentido al pasado y mostrarte cómo te ha ayudado a crear el presente. Puede ayudarte a comprender tu situación y permitirte un suspiro de alivio como si dijeras: «Ah, sí. Ahora entiendo el porqué».

Cuando ves las cosas con claridad, puedes empezar a brillar...

¿Cuál es tu razón de ser?

Al enfrentarte a la realidad de tu cambio, tal vez pienses que ahora mismo no dispones de tiempo suficiente para este nivel de reflexión profunda. Puede que sientas que el lujo de sumergirte en las profundidades de tu interior es algo que pueden hacer otros, pero no tú. Quiero que sepas que, precisamente debido a este cambio, tendrías que aprovechar la oportunidad para hacer una pausa y examinar quién eres. La vida te ha traído una situación (o una serie de ellas) que exige tu atención y te ruega que bajes el ritmo, te tomes una pausa y te reprogrames. En lo más profundo, este cambio te guiará para ser más la persona que de verdad eres. Quizá llegarás a ser la mejor madre que puedes ser o te animarás a cultivar un precioso huerto; tal vez hay una historia que debas compartir o un negocio que estás destinado a iniciar.

Tu razón de ser puede inspirar a mucha gente o emocionar a unos pocos. No importa cuál sea, sino que sepas lo que significa para ti en cada momento. Lo que importa es que puedas mirar hacia tu interior y conectar con tu ser.

Esta razón de ser existe dentro de cada uno y se revela con claridad cuando miramos hacia nuestro interior.

> 🗨️ 🗨️ Quien mira hacia afuera sueña; quien mira hacia adentro despierta. 💧 💧
>
> – Carl Jung

Despierta...

Al enfrentarte a un desafiante cruce de caminos, te ves
forzado a una reevaluación. Es el momento de examinar de
nuevo lo que pensabas que sabías. Es posible que experimentes
de manera insistente preguntas como:

«¿Esto es lo que hay?»

«¿Por qué estoy aquí?»

«¿Acaso la vida no es algo más que esto?»

En estos momentos de cuestionamiento tal vez sueñes con escapar a tierras lejanas, meditar en la montaña o perder la cabeza y que te cuiden el resto de tu vida felizmente. Es natural fantasear, en especial cuando la vida parece tan incierta.

La verdad es que la vida siempre es incierta. Existen una serie de constantes, como que la noche sigue al día, pero la mayoría vivimos en un mundo imprevisible e incontrolable. Por eso, para sentirnos seguros con la naturaleza indómita del mundo debemos notar la conexión con nuestro interior. Para saber quiénes somos y nuestra razón de ser. Conocerlo permite que el mundo externo cambie como si fuera de arena mientras que nuestro interior sigue estable, quieto y fuerte.

Pulsa el botón de pausa

Para ayudarte a explorar tu razón de ser, voy a guiarte a través de un ejercicio de escritura reflexiva.

La pregunta que vas a plantearte para este ejercicio es:

«¿Por qué estoy aquí?»

Puede parecer que tiene una difícil respuesta, pero más que presionarte, voy a animarte para que te la tomes a la ligera. Al hacerlo, las respuestas se te revelarán. Empieza así.

Busca un lugar tranquilo sin distracciones. Vas a llevar a cabo un ejercicio de escritura importante, por lo que debes reservarte un buen rato para realizarlo. Quizá quieras ir a una localización inspiradora, un jardín, un árbol en el bosque que te guste, un lugar donde avistar aves junto a un lago, una galería o incluso tu cafetería preferida.

Cuando estés cómodamente instalado, quiero que escribas las siguientes palabras en tu diario:

Me dirigí al maestro y le pregunté: «Maestro, ¿por qué estoy aquí?» y él respondió: «Estás aquí porque...»

Ahora completa la frase y sigue escribiendo. Deja que fluyan las palabras, no importa que tengan sentido o no. No las censures, limítate a escribir. Si en algún momento te encallas, vuelve a la frase inicial y continúa escribiendo.

No importa si crees o no en maestros, gurús o seres superiores. Escribe todo lo que puedas. Tu subconsciente sabe lo que estás buscando y, si mantienes la mente abierta, liberas los pensamientos y pides la información, llegará. Trátate con cariño, abre tu corazón a la pregunta y escucha los susurros de tu alma. Permítete recordar lo que más necesitas saber aquí y ahora.

¿Cuáles son tus aspiraciones?

Estás a medio camino. ¿Cómo te sientes? Sea como sea, está bien. Vas a unir los puntos entre todas las lecciones aprendidas hasta ahora. Dedica un tiempo a releer lo que hayas escrito en tu diario. ¿Detectas algún patrón? ¿Cuáles son los hilos comunes? ¿Qué temas ves emerger?

Puede que te sigas sintiendo perdido y confundido. Si lo estás, ten paciencia. Has estado reuniendo mucha información interior que te ayudará a reflexionar acerca de tus opciones exteriores. Ahora mismo puede que aún te parezca una locura. Es posible que no le veas aún el sentido. No pasa nada. Tómate el tiempo necesario.

A veces nos detenemos antes de empezar. Quizá releas tu diario y te encuentres sacudiendo la cabeza. «Oh, me encantaría, pero...»

Aparta este pensamiento. Si te pillas diciendo «No sé» y «No puedo», detente un momento. Si supieras, ¿qué dirías? Si pudieras, ¿qué harías?

Repasa los ejercicios que hemos realizado hasta este punto. Deja que bailen con suavidad por tu cabeza. Sí, habrá contradicciones y cosas que no concuerden. Habrá pensamientos que te asusten y te pongan nervioso. No pasa nada.

No olvides
respirar.

Tómate
tu tiempo.

Confía en
ti mismo.

Crea un yo con quien
te sientas feliz
conviviendo toda la vida.

– Golda Meir

En ocasiones necesitamos jugar con el tiempo para encontrar las respuestas. Voy a ayudarte a pasear por el futuro.

Vas a emprender una misión. Tiene dos partes. La primera consiste en abrir los sentidos y la segunda en una actividad de escritura. Es mejor no llevar a cabo la misión deprisa y corriendo. Concédete algo tiempo. Si puedes, que sea una mañana o una tarde entera. Quizá puedas elegir un día del fin de semana para poder relajarte y no pensar en otras obligaciones.

Abrir los sentidos

Para prepararte para la misión:

- Hazte con un diario y un bolígrafo. Si te gusta escuchar música, prepara una lista de melodías tranquilas e inspiradoras, pero no la utilices hasta la segunda parte del ejercicio. Si prefieres la calma y la tranquilidad, no necesitas música para el ejercicio escrito.

- Busca una ubicación exterior que te guste. Puede ser un parque, un lago, un bosque, el mar, una colina, un jardín, un río. No hace falta que sea lejos. Lo ideal es que se encuentre en un lugar al que puedas llegar caminando. Pero si tienes que conducir, no pasa nada.

- Lee toda esta parte antes de salir para tener claro qué vas a hacer; toma notas en el diario de las instrucciones que quieras recordar y llévalo contigo.

Ejercicio-misión

● ● ●

Primera parte: estimula tus sentidos

Cuando estés listo, ve al lugar elegido. Si vas caminando, el paseo puede formar parte de la experiencia. Si conduces, te recomiendo que te concentres en la carretera y empieces el ejercicio al llegar.

La primera parte de tu misión está diseñada para estimular tus sentidos y ayudarte a acceder a tu creatividad. Esta es mi sugerencia:

● ● ● Olfato

Quiero que realices un «safari olfativo». Algunos olores te conectan con determinados recuerdos y evocan emociones. ¿Cómo reaccionas a aromas como el de la hierba cortada, el diésel, la lluvia cálida tropical o una cerilla recién encendida? Con solo leer sobre estos olores puedes percibir una reacción. Mientras caminas, presta atención a los olores que te gustan. El café recién hecho siempre me proporciona una sensación de calidez y ni siquiera tomo café. Detecta también los olores que no te gusten —tubo de escape, humo de tabaco— y toma nota de las sensaciones que te provocan. Recuerda que se trata de estimular los sentidos para acceder a tu creatividad. No hay nada correcto ni incorrecto.

● ● ● **Vista**

Ahora centra la atención en los ojos. Quiero que busques tres colores mientras caminas: rojo, verde y azul. Acuérdate de mirar arriba, abajo y a tu alrededor. Mira con los ojos «blandos», pues gran parte del tiempo tendemos a mirar con ojos «duros», es decir, utilizamos la mente para averiguar el significado de lo que vemos. En esta ocasión no haremos esto último. Simplemente mira con los ojos blandos y busca los colores rojo, verde y azul.

● ● ● **Oído**

La parte final de este ejercicio es una escucha consciente. Quiero que agudices el oído. ¿Qué oyes? Más allá del tráfico y el parloteo, ¿qué más oyes? Acuérdate de respirar hondo y recuerda que no hay una respuesta «correcta». Simplemente sintonizas los oídos con mayor consciencia. Abre el sentido del oído. ¿Qué emociones encuentras en los sonidos? Capta aquellos que estén cerca y luego juega cambiando el ámbito de recepción. Deja que tus oídos viajen a la media y a la larga distancia. Sigue caminando, escuchando y respirando.

Ejercicio-misión

● ● ●

Segunda parte: escríbete una carta

Ahora que has estimulado los sentidos, estás listo para
escribir. Busca un espacio cómodo (aún en la naturaleza)
donde nadie te moleste. Si quieres escuchar música mientras
escribes, ahora es el momento. Puede que prefieras el silencio
o los sonidos de tu alrededor. Vas a escribir una carta en tu
diario. Se trata de una muy especial, dirigida a ti mismo desde
tu futuro. Así debes hacerlo:

● ● ● Elige un momento del futuro que sea significativo para
ti. Puede ser un cumpleaños o un aniversario especial.
Puede ser un año en especial o una edad en particular.
No hay límites: elige lo que te parezca mejor. Puede
ser cuando tengas noventa años, dentro de un lustro o
cuando tu hijo cumpla diez años.

● ● ● Imagínate en ese momento del futuro. ¿Dónde estás?
¿Con quién estás? ¿Qué ves? ¿Qué hueles? ¿Qué oyes?
Imagina los colores, las personas, tu entorno con todo el
detalle posible. Acuérdate de respirar profundamente.

●●● Empieza a escribir la carta. Comienza con las palabras
«Querido/a _____ (pon tu nombre aquí)». La carta
la escribe tu yo futuro para tu yo presente con el fin de
compartir toda la sabiduría que ha ido acumulando
con los años. Tu yo futuro comparte contigo las cosas y
personas que has amado en la vida, lo que ha alegrado
tu corazón, lo que ha alimentado tu alma. Te explica
algunos de los problemas que has tenido que superar
para alcanzar tus sueños, ambiciones y objetivos. Te
ofrece palabras de ánimo para el presente y te sugiere
qué tendría importancia que lograras.

Tómate tu tiempo para realizar este ejercicio, ya que se trata de
una misión profunda y poderosa. Una vez hayas terminado, no
tendrás nada más que hacer, solo descansar. Procúrate un buen
descanso nocturno; por la mañana, si surge algo que desees
añadir a la carta, añádelo. Recuerda que hasta el momento no
se trata de actuar, a menos que de verdad sientas el impulso de
hacerlo. Ahora se trata de dar salida a la curiosidad que permite
que tu sabiduría aflore con suavidad.

¿Te sientes capaz de concentrarte a pesar de la niebla? Deja
que tus aspiraciones floten a tu alrededor y te susurren
posibilidades.

Aspira...

¿Qué te gustaría crear?

Los procesos creativos presentan altibajos de manera natural. Hay momentos en que uno se siente encallado e inseguro, y otros en que la experiencia fluye con libertad. Cuando te sientas encallado, el movimiento es una buena manera de liberarte. Te hará ver las cosas de otro modo. ¿Por qué no sales a pasear, montar en bici o nadar, o escuchas música y bailas en el salón? O también puedes realizar ejercicios suaves de yoga.

El yoga es excelente para ayudarte en momentos de cambio o reflexión. Si necesitas más flexibilidad para tus decisiones, practica unos ejercicios de torsión suaves. Si crees que precisas ver las cosas desde una perspectiva distinta, adopta posturas de inversión. Realiza la postura sobre los hombros o la del arado. Si te resultan demasiado difíciles, no pasa nada: simplemente túmbate en el suelo con las piernas apoyadas en la pared. Ponernos cabeza abajo siempre nos da una visión diferente del mundo.

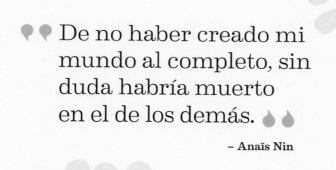

De no haber creado mi
mundo al completo, sin
duda habría muerto
en el de los demás.

– Anaïs Nin

Pulsa el botón de pausa

Vas a crear una tabla de visión. Si no lo has hecho nunca, se trata de un ejercicio divertido y creativo que permite plantearse lo que quieres crear en tu vida. Antes de comenzar, necesitas reunir algunas cosas. Esta es la lista:

- Una cartulina o tabla de espuma grande
- Tijeras
- Pegamento
- Revistas viejas e imágenes que te gusten, como postales, fotografías o citas

Como siempre, busca un momento en que puedas relajarte y dedicar el tiempo necesario para realizar este ejercicio. No lo hagas con prisas. Prepara el lugar donde vayas a desarrollarlo con una vela encendida y quemando un aceite esencial. La menta, el limón y el romero ayudan a aclarar el pensamiento, pero no utilices el romero si estás embarazada o sufres epilepsia. Pon música que te guste y te inspire.

Si quieres, puedes crear una tabla de visión para un aspecto concreto de tu vida, por ejemplo, tu carrera, el amor o la familia. O puedes hacer el proceso expansivo, sin límites. Sea como fuere, haz lo que mejor te parezca.

Ahora puedes empezar a crear la tabla de visión. Hay diversas maneras de practicar esta maravillosa técnica, pero ahora se trata de picotear, descubrir qué alegra tu corazón y tu alma.

Hojea las revistas en busca de imágenes que hagan saltar una «chispa», que te hagan detenerte y te llame. Recórtalas y amontónalas. No te censures. No pasa nada si nunca te ha interesado viajar a la India pero la foto de los montones de especias te resulta sugerente. No te consideras maternal, pero este bebé te derrite el corazón. No importa, sigue cortando.

Cuando hayas acumulado un buen montón, déjalo reposar un rato. Haz otra cosa, puedes incluso dejar pasar unas horas. Ahora repasa las imágenes y elige las que **realmente** te atraen. No las que crees que deberían gustarte, sino aquellas sin las que no puedas vivir.

¿Sorprendido?

Nuestro subconsciente normalmente sabe lo que queremos de verdad; lo que necesitamos de verdad. No obstante, nuestra mente consciente nos engatusa y nos dicta lo que deberíamos querer, lo que **deberíamos** hacer. Las imágenes pueden saltarse la mente consciente; escúchalas y deja que este proceso sea intuitivo.

Dispón las imágenes elegidas sobre la tabla y pégalas en su lugar en ella. Cuando se seque el pegamento, cuelga la tabla en un lugar visible para recordar su intencionalidad cada día.

Deja que tu visión se convierta en aquello que quiera llegar a ser en realidad.

Cree...

¿Qué es lo que temes?

Hay una cita del antiguo oráculo chino, el *I ching*, que me encanta. Dice así:

Solo cuando tenemos el coraje de enfrentarnos a las cosas tal como son, sin autoengaño ni ilusión, surge una luz de los acontecimientos que nos permite reconocer el camino del éxito.

El miedo es algo natural. Es el modo que tiene la mente de protegernos.

A veces puede ser de lo más útil y maravilloso. Nos aparta del peligro. Nos alerta de situaciones y personas dañinas. Pero el miedo también nos puede impedir hacer lo que realmente necesitamos. Nuestras mentes se enredan con facilidad en una espiral de ansiedad y miedo.

Lo que queda fuera de nuestra zona de confort puede acelerarnos el pulso. Somos criaturas de costumbres y nos sentimos seguros en los lugares conocidos, con las personas de siempre, haciendo las mismas cosas. En ocasiones nos asusta tanto apartarnos de lo seguro y normal que arruinamos nuestros sueños. Preferimos quedarnos en la seguridad de lo conocido que aventurarnos en lo ignoto.

Algunas de tus opciones y decisiones no parecen muy atractivas. Otras te darán miedo. Es normal. Estás al borde de algo maravilloso.

Atrévete...

El miedo es ilusión sin aliento.

– Dr. K. Bradford Brown

Enfrentarse al miedo

Mira hacia atrás. Recuerda algún momento en que te hayas enfrentado al miedo. La primera vez que fuiste al colegio. La vez que te cambiaste de colegio o te mudaste. La primera vez que fuiste al extranjero. Tu primera cita. Todo es nuevo en algún momento.

Pulsa el botón de pausa

Coge una hoja de papel.

Respira hondo y escribe arriba: «Me da miedo...».

Ahora anota tus preocupaciones, tus miedos, tus temores.
Escribe con libertad, por tontos, insignificantes o insensatos
que te parezcan los miedos. Deja que se expresen en este lugar
seguro.

Reconocer tus miedos, mirarlos a los ojos, es el primer paso
para gestionarlos.

Si estás entusiasmado y deseoso por comenzar, es posible
que te centres solo en la euforia. Esto es fenomenal, pero
tal vez valga la pena sopesar dónde podrías encallarte.
El progreso tiende a derivar de la combinación de la visión
y el pragmatismo.

Recuerda que las personas más valientes no son las que no sienten miedo, sino las que lo miran a los ojos y lo superan.

Acuérdate de respirar.

Ahora, mientras lo haces, repasa atentamente lo que has escrito. ¿Qué tiene de cierto cada miedo? ¿Cómo podrías superarlo? ¿Cuándo te has enfrentado a algo parecido y lo has vencido? ¿En qué parte del cuerpo sientes el miedo? Pero... ¿de verdad es miedo o se mezcla con un poco de emoción? No es ninguna sorpresa que las cosas que más nos asustan puedan ser también las que más nos excitan. La adrenalina es una droga potente y todos precisamos cierta cantidad de agitación para mantener el interés, la excitación, la pasión.

¿Y si los miedos son solo peldaños hacia algo maravilloso? Dale la vuelta a la hoja de papel y tapa todos tus miedos. Ahora respira hondo y mira al mundo a los ojos, sin miedo. Sé atrevido.

Anota una verdad innegable sobre ti mismo.

Así es.

¿Quién puede ayudarte?

Cuando te preparas para saltar al vacío, puede parecer que nadie te cubre la espalda, que no hay nadie a tu lado ni dirigiendo el camino. Es fácil creer que estás solo y aislado. Pero no es así.

Hay personas en tu vida, tanto cerca como lejos, que pueden ayudarte. A algunas ya las conoces y otras todavía no, pero todas ellas pueden ayudarte. Posees círculos, grandes y pequeños, cercanos y lejanos.

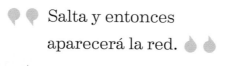

Salta y entonces aparecerá la red.

– **John Burroughs**

Pulsa el botón de pausa

Vamos a observar de cerca tus círculos. Coge una hoja de papel y dibuja tres círculos concéntricos: uno grande que ocupe toda la página y dos más en su interior.

En el círculo central escribe los nombres de tus más íntimos. Los amigos y familiares que sabes que están contigo.

En el segundo círculo anota el nombre de relaciones más lejanas. Personas a las que hace tiempo que no ves, que fueron importantes en tu vida, pero de las que te has alejado con el tiempo y por las circunstancias. Podría tratarse de antiguos colegas de trabajo o viejos amigos con quienes has perdido el contacto.

En el tercer círculo anota el nombre de aquellas personas que sabes que están conectadas con miembros de tus círculos más íntimos, por vaga que sea la relación, por lejana que sea, por improbable que resulte.

Cuando termines de anotar los nombres de estas personas con quienes estás conectado, da un paso atrás. ¿Qué ves? ¿Cómo te sientes? ¿Qué pensamientos empiezan a aflorar? A veces nos sentimos solos a pesar de estar rodeados de gente. A menudo solo hace falta pedir el apoyo de una o dos personas y las cosas empiezan a ponerse en movimiento.

Recuerda que a la mayoría de personas les gusta ayudar, es algo natural en los seres humanos, y si no pueden hacerlo de forma directa, quizá conozcan a alguien que sí pueda. Tu red está ahí fuera, bien tejida, con los hilos sólidamente unidos. Tal vez no lo sepas aún, pero en algún lugar hay personas que pueden ayudarte y apoyarte.

Tu paracaídas.

Tribus

Esta es una época interesante, en la cual la gente se une para perseguir objetivos comunes. Es una época de conexión profunda. No se trata de una coincidencia que internet se haya expandido en este momento. Nos permite hallar a nuestra gente, nuestra tribu, con independencia de lo lejos que se encuentren. Nos permite conectar con las almas que producen un eco en la nuestra, con personas con quienes compartimos vínculos profundos y de largo alcance.

En el pasado nos hallábamos limitados. Geográfica, socialmente. Nos ceñíamos a una comunidad más reducida. Ahora el mundo puede llegar a nuestro hogar, a nuestra vida, a nuestro rescate. Tu tribu puede ser de ámbito local pero, del mismo modo, podría extenderse hasta el otro lado del mundo.

Todos vamos encontrando a nuestra tribu. A las personas que de verdad importan. A quienes escuchan nuestros objetivos, nuestras aspiraciones, nuestras esperanzas, nuestros sueños y dicen: «¡Sí!», «¡Lo entiendo!», «¿Cómo puedo ayudarte?», «¿Qué necesitas?».

En el pasado es posible que pensaras que necesitabas valerte por ti mismo. Ser autosuficiente e independiente; hacerlo todo en solitario. Pero no es así. Ha llegado el momento de mirar a tu alrededor y preguntarte quién podría ayudarte. Tu visión y tu cambio seguramente requieren capacidades que no posees, conocimientos que todavía no has adquirido. Es posible que sientas que hay demasiados vacíos en tu camino. La buena noticia es que no tienes por qué recorrer el camino tú solo. Tu gente te ayudará. Y si no pueden, conocerán a alguien que pueda.

Cuando empieces a hablar con las personas, tu ilusión aumentará. Las ideas se alimentan las unas a las otras. Reúne a tu equipo ideal a tu alrededor y pueden comenzar a suceder cosas milagrosas. No es egoísmo: cuando las personas trabajan juntas, todos ganan.

Conecta...

¿Cómo crear un sistema de apoyo sólido?

Si sigues aislado o te falta apoyo, tal vez necesites esforzarte más para crear conexiones. Aunque tengas a mucha gente a tu alrededor, quizá quieras sopesar las diferentes aportaciones de cada persona. A mí me gusta contemplar la situación desde cuatro perspectivas:

1 Física

La primera pregunta es quién te ayuda a mantener tu bienestar físico. ¿Tienes un compañero con quien sales a caminar, un profesor de yoga o incluso un nutricionista? ¿Tu cuerpo necesita apoyo energético? ¿Tienes un reflexólogo, un masajista, un terapeuta de *shiatsu* o craneosacral a quién puedas recurrir? Si no es así, contar con alguien que pueda ayudarte a conservar tu bienestar físico es un buen primer paso.

2 Emocional

La siguiente pregunta es: ¿de dónde procede tu bienestar emocional? ¿A quién tienes completamente «de tu parte», a tu lado de corazón y apoyando tu bienestar emocional? ¿Tienes a un asesor, un entrenador, un terapeuta? Si no, empieza una relación con alguien con quien tus necesidades emocionales queden por completo satisfechas. No confíes al cien por cien en familiares y amigos para ello: como es natural, su subjetividad se filtrará.

3 Espiritual

Ahora debes preguntarte qué tipo de apoyo espiritual precisas. Es importante que sintonices de verdad contigo mismo en este aspecto y descubras qué necesita tu alma. ¿El mar te proporciona consuelo? ¿Lo hallas en la comunidad de tu iglesia? ¿Cuentas con un profesor de meditación que te guía más profundamente para conectar con tu espíritu? ¿O con alguien que te ayuda a descifrar tus sueños? Deja que esta ayuda evolucione contigo a medida que maduras y con el tiempo.

4 Lúdica

Para terminar, no subestimes el poder del ocio. ¿Quién alimenta tu alma de una manera lúdica y divertida? ¿A quién llamas para compartir un chiste? ¿Quién te hace sonreír y te llena el corazón de alegría? ¿Con quién te lo pasas mejor y te ríes más en una fiesta? Acércate más a estas personas; al fin y al cabo, todos nos beneficiamos de quitar hierro a nuestras vidas.

Una última reflexión. Yo llevo años creando mi grupo de apoyo a nivel global. Si esto es algo nuevo para ti, no pienses que has de hacerlo de golpe. Empieza por un aspecto concreto. Elige una persona. Desarrolla la relación con ella, descubre cómo reaccionas a su apoyo, asegúrate de que es la mejor persona para ti y poco a poco, con el tiempo, ve incluyendo más personas en tu red.

¿Cuál es el primer paso?

Ha llegado el momento de dar tu primer pasito (o gran paso). No te equivocarás. Confía en ti. Sabes lo que haces. De hecho, creo que siempre lo has sabido. Recuerda: ahora tienes un plan, que debes tomarte con cierta ligereza. El baile con la vida te conducirá a tus deseos.

Baila...

Te encuentras en una etapa emocionante y es posible que notes que la energía para actuar se va acumulando. Has comprendido tu realidad actual y has explorado tu gran sueño. Al hacerlo has creado una tensión natural entre estos dos aspectos de ti mismo. Esta tensión es vital porque proporciona la energía que te ayudará a empezar a acercarte a tu sueño.

No es posible elegir el camino «equivocado»: siempre y cuando estés centrado en algo relacionado con tu sueño, el impulso será positivo.

Disponer de muchas opciones puede resultar abrumador; por tanto, tomarse las cosas paso a paso, centrándose en una sola cosa a la vez, es enormemente útil. La acción viene de la intención; de la falta de intención no surge nada. De modo que ahora vas a establecerla y refinarla.

Si sigues los susurros, la vida no necesitará gritar.

– Danielle LaPorte

Pulsa el botón de pausa

Como siempre, date tiempo para completar este ejercicio con tranquilidad. Empieza la sesión respirando profunda y relajadamente.

Vas a explorar tus intenciones mediante cuestiones sobre las que escribir en tu diario. Para comenzar, abre el diario por una página en blanco y desarrolla una a una las siguientes cuestiones. Como siempre, busca un lugar donde la magia pueda producirse... Si surge algo inesperado, sonríe y juega un rato con la idea.

Mi corazón anhela...
Cuando me siento más libre es...
Mi deseo más profundo es...
Puedo optar por...
Me centraré en...
Esto es importante porque...
Puedo pedir ayuda a...

Cuando conozcas tus intenciones, cuando las tengas totalmente claras y te sientas en armonía con ellas, te parecerá increíble cómo todo a tu alrededor conspira para ayudarte a darles vida. La gente te ofrecerá soluciones y surgirán oportunidades. Es como si fueras una flecha que se ha lanzado con el arco y vuela hacia su destino.

Has fijado tu intención y cada átomo de tu ser se inclina hacia tu objetivo. El subconsciente se impregna del futuro prometido. Es imposible equivocarse. Cuando te encuentras alineado, totalmente alineado, con tus sueños más profundos; cuando has abierto tu mente y tu corazón a las posibilidades más recónditas, entonces todo sale bien. Tu tribu se reúne a tu alrededor. Afloran oportunidades inesperadas.

Mantén los ojos y oídos atentos. Busca sorpresas, casos llamativos de serendipia, y encuentros y oportunidades imprevistos y curiosamente casuales. A veces parece arte de magia. Pones la radio y una canción te da el mensaje que necesitas. Hojeas un libro y lees una cita que da en el clavo. O, de forma más pragmática, necesitas algo y encuentras un anuncio en el periódico o en las redes sociales. Mantente abierto a todo.

Si bien esta fase es mucho más concreta, tangible y práctica que las anteriores, procura no olvidar las pistas y señales más sutiles. Estás pasando del reino de la mente y la imaginación, de los sueños y los deseos, a una realidad más física, pero estos otros mundos siguen informando y alimentando el sueño. Mantenlo vivo.

El mundo es un patio de recreo maravilloso.

Incluso la realidad más sólida es solo otra forma de energía. Recuerda que una piedra y un baile son puramente frecuencias diferentes.

Da vueltas como un sufí. Ábrete al milagro del cambio que sucede en tu vida. No te olvides nunca de bailar.

¿Hasta dónde has llegado?

Hay algo indudable. La vida es cambio constante. La nieve se derrite. Las flores florecen, se marchitan y vuelven a florecer. Las nubes viajan, crecen, se oscurecen. Los ríos se convierten en mares. Las placas tectónicas se desplazan. La luna crece y mengua. Como la naturaleza, tu ser ha ido cambiando. Dedica un momento a comprobar hasta dónde has llegado. ¿Dónde te encontrabas al inicio de este viaje? ¿Qué es nuevo ahora? ¿Qué sabes sobre ti mismo, la vida y los demás que antes ignorabas?

Ahora es el momento de agradecerte cosas, de dar las gracias a los demás, de celebrar con los seres queridos e interiorizarlo todo. Es el momento de sentirte agradecido por ser quien eras y en quien te has convertido.

Cuanto más valores y celebres tu vida, más cosas tendrás para celebrar.

– Oprah Winfrey

Regocíjate...

Puede que esto te haga dudar. Quizá te parezca prematuro. Tal vez digas que acabas de iniciar este viaje y que solo estás en su comienzo. Entonces ¿por qué te sugiero que lo celebres ya?

Has empezado a poner tu intención en marcha, pero a lo largo del proceso has ido creando cambios internos. Algunos pequeños, otros sísmicos. Paso a paso te has ido realineando contigo mismo. Hay mucho que celebrar.

¿Qué vas a celebrar? ¡A ti mismo! Esta es la ocasión de mostrarte reconocimiento, tomar perspectiva, asentir y decir: «Realmente eres un ser humano increíble».

Pulsa el botón de pausa

Resulta útil disponer de una imagen para recordarte a ti mismo tu intención, un punto de referencia al que regresar para recordar lo que importa. Sal fuera y busca un guijarro o una piedra, una que te guste, que te llame. Cógela y muévela en tus manos; nota su peso, su contorno, su energía. Cuando hayas encontrado tu piedra, puede que te parezca bien tal como es, pero también es posible que quieras decorarla, pintarla o escribir en ella una palabra o una frase. Algo que resuma tu intención. Algo que te la recuerde y que te inspire al verlo cada día.

Claro que una palabra o una frase pueden no resultar suficientes, ¡quizá necesitarás más! Quizá te apetezca hacer una pancarta o un póster. Algo que reúna tus pensamientos, fases, sueños y visiones en relación con tu cambio.

Dibuja o pinta estos aspectos siguiendo el estilo, el tamaño y el color que te plazca. Mézclalos. Piensa qué palabras deben ir calando y escríbelas bien claras. De nuevo, el subconsciente te ayudará con pistas y empujoncitos que están esperando manifestarse. No hace falta ser un artista: coge unos rotuladores, pinturas o lo que tengas a mano y a ver qué pasa.

Sé agradecido

Date gracias a ti mismo, en primer lugar, por tener la valentía, la visión y la firme determinación para haber llegado hasta aquí. Piensa dónde estabas al empezar. Mira lo que has descubierto sobre ti mismo. ¡Eres un aventurero espiritual!

En tu diario anota aquello por lo que te sientes más agradecido a ti mismo, tus cualidades, tu carácter, tus rasgos, tu actitud, tus valores.

Ahora mira a tu tribu, a las personas que ya te han ayudado en algo, que se dirigen al futuro contigo, apoyándote, empujándote. Dales las gracias. Envíales una tarjeta, abrázales, haz lo que creas indicado para hacerles saber lo agradecido que te sientes de contar con ellos en tu vida.

Respira muy profundamente.

Esto es energía que se transforma: a partir de las visiones más vagas, de pensamientos tan tenues y efímeros como las nubes, pasando por el mundo del pensamiento y la intención hasta llegar a la manifestación. Estás creando tu nuevo mundo. Le estás dando vueltas en el aire, fuera de la mente, en el mundo material.

Hazlo con gratitud.
Hazlo con el corazón y el alma.
Hazlo con amor.

Cuarta parte
•••
Prácticas para el día a día

Cada vez que haces una pausa das un pasito hacia el reequilibrio de tu vida y la reconexión con la persona que eres en realidad y aquello que quieres de verdad. Estos pasitos se van acumulando y forjan un cambio de la rutina diaria que te permite funcionar óptimamente en sintonía contigo mismo y el mundo natural.

En este punto de la pausa hay algo que debes comprender. El bienestar es una devoción diaria. Sin estas prácticas cotidianas, el depósito se vacía con el tiempo. Tu *qi* (la fuerza vital) se agota y tus recursos menguan. Al principio es algo sutil: puede que te notes más malhumorado que inspirado. O que te sientas más cansado que vital. O más desanimado que feliz. O más cerrado que abierto.

Cuando se mira así, entonces la devoción de la práctica diaria adquiere sentido. Tu energía y felicidad son importantes y, si no te cuidas tú, ¿quién lo va a hacer? La manera elegida para cuidarte no es lo importante; lo que cuenta es que lo hagas. Meditación, yoga, un diario, alimentación limpia, suplementos, terapia, gratitud, escritura, naturaleza, *qi gong*, taichi...

La práctica de estar ahí
para ti cada día.
Mantenerte a tu lado.
Esta devoción diaria es lo que
te permite vivir la vida
con mayor plenitud, y tienes
libertad de elección...

Alimentación

A menudo comemos a toda prisa, con el estómago hecho
un nudo por el estrés, algo que dificulta la digestión y el
aprovechamiento de nutrientes vitales. Si a ello le añadimos
alimentos procesados con niveles elevados de grasa, sal y
azúcar, no es sorprendente sentirse agotado. Sin una buena
nutrición el sistema inmunitario se debilita. Si enfermamos
cada vez que nos tomamos unas vacaciones o nos resfriamos
y sufrimos tos de manera periódica, es probable que nuestro
organismo esté pidiendo a gritos algún apoyo.

Salud intestinal

Se sabe que el estado del intestino juega un papel fundamental
en el bienestar físico, emocional y mental. Mantener un
intestino sano es, además, el primer paso para protegerse de
la enfermedad. Paul Pitchford, autor de *Healing with Whole
Foods*, nos dice que una vez que el intestino funciona mejor,
el resto de sistemas del organismo pueden reconstruirse y
renovarse. Cuando está desequilibrado, se crea un entorno
«húmedo» en que levaduras, parásitos y hongos prosperan.

Come todos los alimentos naturales que puedas

No hace tanto, comíamos lo que cosechábamos. Hoy en día,
gran parte de los alimentos se producen en masa, están llenos
de aditivos y carecen de los nutrientes básicos que el organismo
precisa. Para equilibrar cómo se produce lo que comemos,
debemos regresar a una vieja forma de comer, tal vez más lenta.

Elegir alimentos tan cercanos como sea posible a su estado natural es una buena forma de empezar. Evitar alimentos con más de cinco ingredientes en la etiqueta o que tu abuela no reconocería es también una guía útil para comprar.

Come productos de temporada

Una de las maneras de retomar el ritmo de la naturaleza consiste en comer alimentos de temporada. La naturaleza produce alimentos que ayudan a nuestro organismo en el momento adecuado del año: la abundancia de lechugas durante los meses cálidos ayuda a mantener fresco el cuerpo, mientras que los tubérculos otoñales aportan azúcares naturales para disponer de reservas en invierno. Saber cuándo se cultivan los alimentos puede ayudarte a sintonizar con la naturaleza.

Concéntrate en la comida

¿Te conectas a las redes sociales mientras desayunas? ¿Engulles el almuerzo inclinado sobre la pantalla del ordenador o cenas ante el televisor? Estas actividades pueden parecer inofensivas pero, si una pantalla nos distrae, ¿cómo vamos a ser conscientes de lo que comemos? ¿Eres capaz de captar los aromas, degustar los sabores y notar la textura de tu comida? Comer es una experiencia multisensorial: nuestra vista y olfato ayudan al cerebro para enviar al intestino señales que lo preparan para la digestión. Desconectar estas señales puede ralentizar el intestino y hacer que te sientas más pesado y cansado.

Aceites esenciales

Los aceites esenciales no solo huelen de maravilla, sino que además poseen propiedades curativas. He aquí los cinco que recomendaría tener a mano:

Lavanda: un magnífico aceite multiusos. Puedes aplicarlo directamente sobre la piel para aliviar rascadas y pequeños cortes, o puedes frotarte las manos con 2-3 gotas e inhalarlo para obtener un efecto calmante inmediato. Añádelo al agua del baño o rocía la almohada para un sueño profundo.

Menta: es un buen aceite para tener a mano si trabajas en una oficina. Inhalarlo aporta energía de manera instantánea, o puedes diluirlo con agua en una botellita con aerosol y rociarte la nuca o las muñecas para refrescarte en verano (o cuando tus ánimos estén crispados).

Albahaca: este aceite es bueno en caso de desgaste suprarrenal y es útil cuando nos sentimos abrumados y fatigados. Funciona de maravilla para proporcionar optimismo al alma cansada.

Naranja silvestre: este aceite vivificante y energizante es bueno para reanimar tanto el cuerpo como la mente, y además favorece la creatividad. Añade un poco a un difusor para repartir alegría.

Rosa: este potente aceite ayuda a sanar el corazón de los daños emocionales. También es un aceite delicado para utilizar durante la meditación y ayudar a conectar con la compasión.

Sueño

Tu cuerpo necesita descanso; no fue diseñado para permanecer «en marcha» constantemente. Al igual que la naturaleza, que presenta períodos de letargo antes del rejuvenecimiento, tu organismo necesita que desconectes de vez en cuando, y el momento más obvio es cuando dormimos por la noche. Pero el sueño no sirve solo para descansar lo mínimo y encarar el nuevo día: se trata también un proceso de sanación fundamental. En ese momento, las células se renuevan; y se producen la reparación y desintoxicación. El sueño es esencial para alimentar la vitalidad.

Si te parece que tu sueño es susceptible de mejora, he aquí algunas maneras de ayudarte a optimizar la calidad del descanso nocturno y dormir profundamente:

Antes de dormir

Sintoniza con tu ritmo

Todos necesitamos una cantidad diferente de sueño y cada uno presenta una hora óptima para acostarse y para despertarse. Dedica una semana a descubrir cuáles son las tuyas. ¿Cuántas horas son las ideales? ¿A qué hora te despiertas de forma natural? ¿Qué hora es la mejor para acostarte? ¿Cuándo te duermes de forma natural? Cuando hayas investigado y encontrado tu ritmo natural, cíñete a él en la medida de lo posible. Cualquier pequeño cambio de tus ritmos regulares ejercerá un impacto notable.

Crea una rutina nocturna

Cuando conozcas cuál es tu ritmo, el paso siguiente consiste en crear una rutina nocturna. El hábito más simple que puedes incorporar se denomina «ocaso electrónico». Históricamente, experimentábamos la disminución de la luz al anochecer, cuando el día deja paso a la noche. La oscuridad es la pista que prepara a nuestro organismo para dormir. Ahora, nuestros hogares y oficinas están iluminados de forma artificial, y la «luz azul» de las pantallas de televisión, ordenadores portátiles, tabletas y móviles nos mantiene activos hasta bien entrada la noche. No solo eso, sino que el contenido que visualizamos también suele subir nuestro nivel de adrenalina y de cortisol en un momento en que no se precisan.

El ocaso electrónico es simplemente una manera de reprogramarnos apagando todos los dispositivos eléctricos noventa minutos antes de acostarnos. Entonces podemos empezar a relajarnos de forma natural con un baño caliente (pero no demasiado) con sales de Epsom y un libro de papel, tranquilizarnos con una infusión de manzanilla o leche con cúrcuma, adoptar la postura savasana del yoga (también conocida como «del cadáver») o iniciar la rutina que mejor te funcione. Si dispones de iluminación LED en el techo, apágala en favor de lámparas de bombillas incandescentes, ya que parece ser que la luz LED puede retrasar la producción de melatonina (una hormona que desencadena el sueño) noventa minutos.

Saca la tecnología del dormitorio

Una ampliación del ocaso electrónico sería dejar el móvil en modo avión toda la noche (el despertador sonará igualmente) o, mejor aún, comprar un despertador y dejar el móvil fuera de la habitación por la noche. La tentación de consultar los correos electrónicos o navegar por las redes sociales cuando uno se despierta en mitad de la noche puede tener un impacto negativo en la calidad del sueño. En cuanto miras la pantalla, se detiene la producción de melatonina, el cerebro se despierta y, antes de que puedas darte cuenta, sale el sol y no has dado ocasión al cuerpo de repararse y rejuvenecer durante la noche. Asegúrate también de que las lámparas LED de la habitación estén tapadas: incluso el tenue brillo de un televisor en modo de espera puede detener la producción de melatonina.

Reduce los estimulantes

El café, té (incluso el verde), los refrescos con gas, el chocolate, algunos fármacos como medicamentos para el resfriado o la gripe y los analgésicos de acción rápida contienen cafeína. Si bien pueden proporcionarte una inyección de energía cuando baja tu nivel de esta, pueden interferir en la calidad del sueño. El alcohol y la nicotina también son estimulantes.

Cuando te acuestes

Baja la calefacción

El cuerpo necesita reducir la temperatura para dormir, de modo que un baño muy caliente antes de acostarse o una habitación en que la temperatura sea demasiado alta nos mantendrán despiertos. Si te gusta darte un baño caliente, tómalo antes —al menos dos horas antes de acostarte— a fin de que el cuerpo disponga de suficiente tiempo para refrescarse. Si te va bien, abre la ventana un poco por la noche para regular la temperatura y mantener el aire en circulación. Si vives en un clima cálido, utiliza una sábana fina de algodón y un ventilador para mantenerte fresco.

Sales de Epsom y aceites esenciales

Agregar sales de Epsom al baño caliente es una manera sencilla de desintoxicar el cuerpo. Contienen magnesio, que ayuda a los músculos y la mente a relajarse. Recuerda que las sales de Epsom también aumentan la temperatura ligeramente como parte de su acción natural de desintoxicación para tenerlo en cuenta cuando las añadas al baño antes de acostarte.

Entre los aceites esenciales que pueden ayudarte a dormir se incluyen la lavanda, la bergamota y el vetiver. Frótate vetiver en la planta de los pies antes de acostarte y rocía la almohada con lavanda (o mezcla unas gotas con las sales de Epsom y añádelas al baño). Pon unas gotas de bergamota y lavanda en un difusor en el dormitorio antes de acostarte.

Posición de la almohada

Si duermes de lado, dispón una almohada bajo la cabeza como haces habitualmente y ponte una almohada entre las rodillas.

Si duermes boca arriba, utiliza una almohada menos gruesa de lo normal bajo la cabeza y colócate una bajo las rodillas para reducir la presión de la zona lumbar.

Si duermes boca abajo, utiliza una almohada plana para la cabeza y ponte otra almohada bajo la pelvis o el abdomen.

Yoga nidra

Este término en sánscrito significa «sueño yóguico» y se refiere a una forma de meditación profunda empleada por los yoguis con el fin de acceder a un estado denominado «sueño profundo consciente». En otras palabras, te permite experimentar un descanso profundo sin sueños mientras permaneces despierto.

Como el yoga nidra es muy bueno para reducir la tensión y la ansiedad, uno de sus beneficios parece ser un sueño mejorado y más apacible. La mejor manera de iniciarse consiste en apuntarse a una clase dirigida donde el maestro te lea meditación yoga nidra; si no, existen grabaciones excelentes en línea.

Ejercicio de respiración profunda

Este simple ejercicio de respiración es muy relajante para
el cuerpo y la mente, de modo que resulta muy útil antes de
acostarse: se puede realizar tumbado en la cama.

- Relaja los brazos a cada lado del cuerpo y mantén las
  piernas ligeramente separadas. Al comienzo, limítate
  a respirar hondo unas cuantas veces, inspirando por la
  nariz y espirando por la boca, llenando y vaciando de
  manera consciente tus pulmones.

- Ahora inspira profundamente por la nariz y cuenta
  hasta cuatro. Puedes emitir un sonido suave al
  hacerlo si te ayuda a calmarte y relajarte. Aguanta la
  respiración al acabar de inspirar y cuenta hasta cuatro;
  luego espira por la nariz y vuelve a contar hasta cuatro.

- La próxima respiración, inspira contando hasta seis,
  aguanta el aire contando hasta seis y espira contando
  hasta seis, y la respiración siguiente, inspira, aguanta
  y espira contando hasta ocho; si puedes, intenta
  aumentar el número y cuenta hasta diez y doce.

- Para completar el ejercicio, empieza a reducir la cuenta
  de dos en dos con cada nueva respiración hasta acabar
  contando hasta cuatro.

- Ahora suéltate y respira con normalidad...

Cuando despiertes

He aquí algunas ideas para ayudarte a reunir energía y aumentar la claridad mental para prepararte para el nuevo día:

● ● ● Reprograma tu reloj biológico

Sal al exterior y recibe la luz del sol quince minutos después de despertar para reprogramar tus ritmos circadianos naturales.

● ● ● Medita

Muchas personas no meditan porque temen no poder mantener la mente en calma y silencio. Si este es tu caso, no te preocupes. No hace falta que el cerebro esté en blanco mientras meditas: de hecho es probable (especialmente al principio) que se encuentre muy activo. Intentar detener los pensamientos es como luchar contra un cocodrilo. La clave de la meditación consiste en aceptar la presencia de los pensamientos y mantener la concentración en la respiración. Los pensamientos vendrán y se irán. He aquí una forma sencilla de meditar:

● ● ● Encuentra un lugar cómodo para sentarte con la espalda recta.

● ● ● Baja la mirada y dirige tu atención y concentración hacia tu interior.

● ● ● Realiza tres respiraciones profundas, inspirando por la nariz y espirando por la boca.

continúa en la página siguiente

- Al relajarte puedes cerrar los ojos.

- Espira todo el aire en una respiración: así retomarás tu patrón respiratorio normal.

- Céntrate en tu respiración natural, sin necesidad de cambiarla a menos que lo desees.

- Deja que los pensamientos vengan y se vayan.

- Cuando notes que te has dejado arrastrar por un pensamiento, vuelve a concentrarte en la respiración.

- Quédate sentado y concentrado diez, quince o veinte minutos (puedes alargarlo, si lo deseas, con el tiempo).

- Cuando termines, frótate las manos para calentarlas.

- Cúbrete el rostro y los ojos con las manos, y poco a poco ábrelos bajo las manos.

Baila

Bailar 5-10 minutos con tu música preferida te ayudará a comenzar el día fresco y lleno de energía renovada.

Ejercicio de respiración

En la tradición china existe un ejercicio revitalizador con respiraciones profundas llamado «aguantar el cielo». Hazlo así:

- Ponte de pie con los pies cómodamente separados y los brazos a los lados. Mantén los ojos abiertos.

- Concéntrate en la respiración. Poco a poco inspira por la nariz, llenando la barriga de aire, mientras elevas los brazos por encima de la cabeza.

- Entrelaza los dedos con las palmas hacia abajo.

- Mantén los dedos entrelazados mientras giras las manos para que las palmas miren hacia el cielo.

- Mira hacia el dorso de tus manos.

- Inspira más, estirando hacia arriba como si quisieras empujar las manos hacia el cielo.

- Sigue concentrándote en la respiración. Espira mientras dejas que los brazos bajen flotando a los lados. Continúa espirando y liberando la tensión. Relaja los hombros.

- Repite el ejercicio al menos cinco veces. Centra la atención en la respiración y deja que el cuerpo se relaje cada vez que espiras.

Movimiento

El precio de la vida moderna es fácil de leer en nuestros cuerpos. Si sigues un estilo de vida típico, con una dieta rica en alimentos procesados y un horario repleto de responsabilidades que te deja poco tiempo para practicar ejercicio físico o relajarte, con el tiempo, empezarás a notar ojeras, piel seca o exceso de peso en la zona abdominal; experimentarás deseos de comer o falta de apetito, o simplemente vivirás aletargado. Estos síntomas, entre otros, pueden ser indicadores de que uno o más de nuestros órganos vitales están estresados. Si sucede esto, el *qi*, la fuerza vital de su interior, disminuye. Por ejemplo, si eres una persona que se entrega mucho a los demás, no es raro que tu energía suprarrenal y renal se agote. La buena noticia es que puede cultivarse esta energía desde el interior: de hecho, en la actualidad es esencial hacerlo.

Hemos visto cómo hacer esto a través del descanso y la alimentación; ahora exploraremos cómo el movimiento puede aumentar el nivel de energía. Los ejercicios como correr, levantar pesas e incluso muchos tipos de yoga son yang, mientras que el yoga yin, el *qi gong* y el taichi son yin. Como decían en un artículo: «Para el practicante del yin, el ejercicio es una taza de manzanilla, para el de yang, es un café expreso triple». El enfoque yang occidental del ejercicio físico, intenso y orientado a conseguir objetivos, parte de la premisa de que el esfuerzo equivale a resultados. Esto no es erróneo pero, como sabemos, los ejercicios yin y yang no funcionan como extremos: deben estar equilibrados, y centrarse solo en formas de ejercicio yang crea desequilibrios.

Las prácticas yin, como el *qi gong* y el taichi, poseen un potente efecto holístico sobre el cuerpo y la mente y son ideales para alimentar el *qi*. Estas antiguas tradiciones chinas consisten en realizar secuencias de movimientos fluidos, suaves y deliberadamente lentos, sincronizados con las inspiraciones y espiraciones para cultivar la energía y el poder del organismo. Son formas de ejercicio, pero también pueden contemplarse como prácticas que pueden dominarse con el tiempo, para fortalecer el cuerpo y aprender a controlar la mente. Cuando la mente se calma, el *qi* crece en el cuerpo. Estas son prácticas de gran sutileza, pero no te dejes engañar por ello. Cuando se desmonta la complejidad, se descubre el poder intrínseco de la simplicidad.

Flujo emocional

En los movimientos que cultivan el *qi* se enfatiza en mover el cuerpo y ser capaz de gestionar la mente. ¿Te da la impresión de que tu mente está ocupada? No eres el único. Con frecuencia, nos cuesta calmar la mente y los pensamientos circulan por ella como un tren de mercancías que va a una velocidad incontrolable. Cuando escuchas con atención el parloteo interior, es posible que notes cómo se adelanta. Una mente ansiosa se precipita al futuro, a veces pensando en las ramificaciones de las decisiones laborales e imaginando permutaciones de elecciones personales que podrían hallarse a tres, seis o incluso doce meses vista. Sin duda es de sentido común planificar con antelación, pero cuando los pensamientos están fuera de control de manera constante y preocupados por el futuro, se trata de una experiencia distinta. Al fin y al cabo, en realidad, solo podemos ocuparnos de lo que nos incumbe aquí y ahora.

Cuando la mente nos arrastra hacia el futuro lejano (o al pasado), el cuerpo se separa de ella. El cuerpo sigue aquí y ahora, pero la mente está en otro lugar. Cuando esto ocurre, se bloquea la capacidad de fluir con la realidad. Se puede experimentar un aumento de la ansiedad o el miedo, sentirse paralizado o tomar decisiones precipitadas. Esto nos impide sintonizar con nuestro instinto e intuición, e interrumpe el flujo natural de nuestro ser. La pausa consiste en aprender a confiar en el propio cuerpo, dejar de pensar las cosas demasiado y volver a centrarse en el aquí y ahora. La clave para crear este tipo de flujo es la respiración, que es el camino entre la mente y el cuerpo. Ser más consciente de la respiración mediante prácticas como el *qi gong*, el taichi y el yoga yin te ayuda a conectar más profundamente con tu ser. Este tipo de movimiento consciente te permite volver a conectar con tu cuerpo y fomentar la fuerza emocional interior.

Micropausas

● ● ●

¿Tu agenda está llena desde el inicio de tu jornada? Tal vez ya estés consultando el correo electrónico mientras desayunas o adelantando llamadas de camino a la oficina. No eres el único, pero estar siempre conectado puede causar estragos en el nivel de estrés y conducirte sin darte cuenta hacia el desgaste profesional. Existen maneras de minimizar este riesgo.

A menudo escuchas a la gente hablar de «vivir el momento». Estar en el presente es tomarse unos segundos o minutos para reconocer qué ocurre en el momento preciso. Las micropausas son una manera sencilla de reequilibrarte cuando lo necesitas.

Realiza estas micropausas como parte de tu quehacer diario; son una costumbre para toda la vida que se adapta a ti a lo largo del tiempo. Observa cómo te sientes cada vez que realizas una y cuánta resistencia opones a ella. El objetivo no es ser perfecto, sino estar despierto, consciente y cumplir con uno mismo.

Cinco micropausas que requieren menos de dos minutos

Primera micropausa
Si deseas adquirir perspectiva, mira hacia el horizonte.

Cuando estás ocupado y estresado, tu atención se dirige de forma natural al interior y se cierra tu creatividad. Ponte de pie junto a una ventana y deja que tu atención se aleje hacia el horizonte. Respira mientras lo haces y permite que lleguen a ti nuevas perspectivas. Relaja los ojos y deja que tu visión se amplíe. Quédate así un par de minutos (puedes fingir que estás pensando y siendo creativo, profundamente concentrado en una idea genial). Inspira por la nariz y lleva el aire a tu estómago. Sin apenas darte cuenta, habrás recuperado el equilibrio.

Micropausas

● ● ● ●

Segunda micropausa

Si deseas reducir el estrés, bebe más agua.

La banda de tensión que te rodea la cabeza no siempre se debe al estrés; puede tener su origen en la deshidratación cuando las células del cerebro se encogen por falta de líquido.

Ten siempre una botella de agua junto a ti y bebe más de lo que necesites. Si de entrada vas más al baño, esta es otra señal de deshidratación: bebe más y tu cuerpo se reequilibrará.

Tercera micropausa

Si deseas sentirte calmado, inspira aceite de lavanda.

La lavanda es uno de los aceites más versátiles para guardar en tu estuche antiestrés. Ponte un par de gotas en las manos, frótalas y luego huélelas con una inspiración profunda para notar la calma al instante. Agrega unas gotas al agua de tu baño o rocía la almohada para dormir mejor.

Micropausas

● ● ●

Cuarta micropausa

Si deseas encontrar el equilibrio, realiza tres respiraciones profundas.

Cuando estás ansioso, el pecho se contrae y la respiración se vuelve superficial; la consecuente falta de oxígeno hace que tu ansiedad aumente.

En estos momentos es útil respirar y, luego, volver a hacerlo más profundamente. La respiración te vuelve a conectar con tu cuerpo, reduce la ansiedad y permite regresar al aquí y ahora. Cierra los ojos o elige un punto para fijar la mirada y respira hondo, inspirando por la nariz y espirando con suavidad por la boca. Repite tres veces (o más) para reequilibrarte.

Quinta micropausa

Hazte con una caja, lata o tarro especial. Puede ser bonita o práctica, grande o pequeña. Como la prefieras.

A lo largo de un año, guarda una nota en este recipiente cada vez que te pase algo por lo que te sientas agradecido. Cualquier cosa que sea memorable, te haga sonreír o te enternezca.

Dentro de doce meses, tendrás un bello regalo para reflexionar sobre todos los momentos preciosos que han salpicado este año.

Micropausas

● ● ●

*Cinco micropausas que requieren
menos de diez minutos*

Sexta micropausa
Si deseas animarte, escribe un diario de gratitud.

Normalmente, cuando la energía se encalla, experimentamos
una sensación de carencia, de que nos falta algo. Nos falta algo
que necesitamos o queremos: amor, tiempo, comprensión,
dinero. La manera más fácil de desencallarse y volver a fluir
es la gratitud. Mostrarse agradecido por lo que está de verdad
presente. Abrir el corazón y la mente y ver la riqueza de
nuestra vida.

Como la meditación, es cuestión de práctica. Algunos días verás muchas cosas por las que sentirte agradecido, otros te parecerá estar en un desierto: no pasa nada. Si observas bien y buscas bajo una piedra, encontrarás algo que puedes valorar: siempre hay un motivo para la gratitud, aunque sea este aliento. Y el siguiente. Y el siguiente.

Escribe un diario en que expreses tres cosas por las que te sientas agradecido cada día. Pueden ser personas, acontecimientos, experiencias o cualidades. ¡De lo más simple a lo sublime!

Micropausas

● ● ●

Séptima micropausa

Si deseas comenzar el día con buen pie, prepárate la noche anterior.

Créate una mañana más relajada dedicando diez minutos antes de acostarte a lo que necesites para el día siguiente.

Pon unos copos de avena en remojo, prepara el café y los suplementos, deja el almuerzo listo, dispón la ropa, carga el teléfono y guarda las llaves en un lugar donde las encuentres con facilidad.

Octava micropausa

Si deseas más tiempo libre, programa un «espacio en blanco» en tu agenda.

Si te da la sensación de que te pasas el día corriendo de una cosa a otra sin espacio para una pausa, es hora de replantearte la gestión de tu agenda.

Bloquea ratos de «espacio en blanco»: momentos en tu agenda sin nada planificado. Podrían ser momentos del fin de semana sin compromisos sociales de ninguna clase, o un rato en el trabajo al comienzo de la jornada, entre reuniones, en el almuerzo o los viernes por la tarde.

El espacio entre reuniones es particularmente beneficioso: el cerebro y el cuerpo no están diseñados para acumular demasiada información cada día. Cuando llegue el espacio en blanco programado puedes disponer de él como desees: para pensamientos creativos, para planificar la próxima semana o para preparar una reunión importante. La idea es que se trata de tiempo para ti.

Micropausas

● ● ●

Novena micropausa

Para desarrollar la concentración, practica una meditación de pie durante unos cuantos minutos al día.

Para empezar, busca un lugar donde puedas estar de pie sin que te molesten cinco minutos.

Ponte de pie con las piernas separadas por la misma distancia que la cadera.

Plántate bien en el suelo, con dos tercios de tu peso sobre las almohadillas de los pies. Alinea la columna y el sacro para que estén rectos, y relaja los brazos a ambos lados del cuerpo. Respira hondo con el abdomen y relájate. Sabrás que lo estás haciendo bien cuando estés de pie y no sientas tensión en ninguna parte del cuerpo. Quédate así cinco minutos para empezar. A medida que te vayas fortaleciendo y se vaya calmando tu mente podrás aguantar más rato. Alarga los períodos de cinco en cinco minutos. Si dispones de acceso a un jardín o parque, esta meditación de pie y descalzo sobre la hierba será más potente.

Décima micropausa

Si deseas restaurar el *qi*, el primer paso consiste en realizar una pausa y bajar el ritmo. La manera más sencilla de hacerlo es sentarse en silencio cinco minutos y seguir el ritmo de la respiración. Puedes hacer esta pausa en cualquier momento, ¡pero mantén los ojos abiertos si estás conduciendo!

Entrenar la mente para que se mantenga en calma mientras nos concentramos en la respiración es importante, porque, cada vez que la mente se pone a vagabundear, el *qi* o energía se aleja de la experiencia interior. En esencia, el *qi* va adonde vaya la mente. En la medida que consigamos que la mente permanezca en calma, más conseguiremos que el *qi* viaje por nuestro interior.

El objetivo del ejercicio es completar diez ciclos de respiración mientras mantienes la concentración en la respiración durante todos ellos.

Vamos a probar con un ciclo. Puedes hacerlo de pie o sentado, y con los ojos abiertos o cerrados, según la situación.

La columna debe estar recta y la cabeza relajada sobre los hombros con la barbilla ligeramente elevada. Suelta los hombros y el estómago para que se relajen.

Poco a poco, inspira por la nariz y sigue el recorrido del aire mientras viaja por la frente y la coronilla, y baja por la nuca y la columna.

continúa en la página siguiente

Micropausas

● ● ●

Deja que el aire te llene la barriga y viaje por el pecho, luego espira con suavidad por la boca como si apagaras una vela.

Después agita el cuerpo ligeramente y observa cómo te sientes.

Este ha sido el ciclo de práctica.

Ahora vas a realizar diez respiraciones consecutivas.

Al repetir el ciclo, es posible que notes una pausa entre la inspiración y la espiración. No te preocupes por este vacío: es importante porque es el espacio en que el *qi* se eleva.

Si la mente se distrae, simplemente vuelve a concentrarla en la respiración.

Si diez ciclos te parecen demasiados, prueba con cinco; si te parecen demasiado pocos, inténtalo con quince o veinte. Lo que te vaya mejor.

Tómate tu tiempo. No hay prisa.

Recuerda que el objetivo es concentrarte de nuevo en la respiración cuando la mente se distraiga.

Cuando acabes los ciclos, dedica un momento a sentarte o quedarte de pie y sentir tu cuerpo. Sé consciente de la experiencia que estás viviendo.

Esta es una poderosa práctica que puedes realizar cada día.

Al acostumbrarte al número de ciclos y ser capaz de mantener la concentración en la respiración sin que la mente se distraiga, puedes sumarles cinco más.

Esta práctica te ayudará a habituar la mente a estar en calma. Cuando la respiración se ralentiza y profundiza, el organismo pasa de forma natural al sistema nervioso parasimpático. Se trata de un estado natural de relajación del cuerpo, descrito en ocasiones como «descanso y digestión».

Micropausas

● ● ●

Pausa adicional

Esta pausa requiere más tiempo pero vale mucho la pena. De vez en cuando, regálate un día libre en el que no te sientas culpable. Programa las cosas que te hacen más feliz. Camina por el bosque, acurrúcate frente a la chimenea con un buen libro, pinta, baila, pasa tiempo con los amigos o sencillamente no hagas nada.

Menos tecnología

Yo no recibo una gran cantidad de correo electrónico, pero dedico tiempo y reflexión a cada respuesta. Escribo desde el portátil y no desde el móvil, a menos que sea una respuesta muy breve. Leer el correo en el teléfono me distrae, divide mi energía y reduce mi concentración en la persona o actividad que tengo delante.

Cuando decidí confinar el correo electrónico al portátil, sentí que corría un gran riesgo, pero la recompensa ha sido enorme. Dispongo de más capacidad de pensamiento y me hallo más presente sin correo en el móvil. Cuanto más tiempo pasa, menos lo echo de menos. Fui un poco más allá: compré un despertador y no entro nunca con el móvil, la tableta ni el portátil en mi dormitorio. No me he arrepentido. Si deseas estar más presente y menos distraído en el día a día, he aquí tres consejos que pueden resultar de utilidad:

- Por la noche, pon el móvil en modo avión. Si todavía no lo haces y utilizas el teléfono como despertador, da este pasito para no recibir correo electrónico por la noche.

- Inhabilita la recepción de correo electrónico a ratos. Lee y contesta los mensajes una vez por la mañana y de nuevo, si es necesario, por la tarde o al anochecer. Recuerda que cuantos menos envíes, menos recibirás.

- Sé que hay quien recibe decenas de miles de mensajes. Es un desgaste de energía. Imagina que son cartas sobre el escritorio: no podrías dedicarte a otra cosa. Deshazte de la basura y limpia la bandeja de entrada con la aplicación Unroll.Me.

Resumen

Si crees que vas directo a una pausa forzosa, he aquí algunas ideas para ayudarte a bajar el ritmo y respirar de nuevo:

- **Tecnología:** reduce los picos de cortisol en el organismo así:
  - Elimina las señales de aviso del móvil.
  - Elimina las aplicaciones de redes sociales del móvil.
  - Si te sientes con fuerzas, desvincula el correo electrónico del móvil: sobrevivirás, ¡te lo prometo!

- **Nutrición:** apoya todo tu organismo así:
  - Come menos azúcar, gluten y productos lácteos.
  - Aumenta el consumo diario de agua.
  - Reduce el consumo de cafeína (recuerda que se esconde en algunos refrescos con gas y también en el chocolate).

- **Reflexión:** baja el ritmo y reflexiona sobre las señales que la vida te envía así:
  - Escribe un diario, aunque sea un párrafo al día.
  - Anota lo que sueñas cada noche; esto puede tener un efecto muy potente.
  - Trabaja con un coach, terapeuta o entrenador personal.
  - Pasa tiempo en la naturaleza.

Me siento muy agradecida por haber aprendido a leer las señales de la vida, a ser capaz de preguntar y comprender el mensaje. He descubierto que no siempre acierto, pero mi vida sin duda ha cambiado a resultas de ello.

Escucha al viento, te habla; escucha el silencio, te habla; escucha a tu corazón, es sabio.

– Proverbio nativo americano

Acerca de la autora

Danielle Marchant presenta un exitoso historial como coach o entrenadora ejecutiva en el sector empresarial. Ha trabajado con directivos del más alto nivel en empresas como HSBC, McKinsey Unilever y SAP. Lleva más de trece años trabajando con directivos de veinte países diferentes. Después de aprender que los objetivos y las ambiciones pueden conseguirse felizmente solo permitiendo que cuerpo y mente realicen una pausa, adaptó su asesoramiento tanto a clientes particulares como empresariales y lo orientó hacia el flujo, en lugar de la batalla contra los altibajos de la vida.

«Vivía y trabajaba en Singapur, dirigía dos empresas y mi vida era de todo menos tranquila; de hecho, era divertida y fabulosa, hasta que un día la vida me dio un toque de atención. Me había esforzado más allá de mis límites y el cuerpo ya no podía seguir el ritmo. Tras recuperarme del desgaste profesional, dejé mi trabajo y regresé al Reino Unido y, a través de esta experiencia, surgió mi empresa.»

Agradecimientos

No solo por este libro, sino por dar forma a mi vida, doy las gracias a mis profesores, amigos y familia: cada uno me habéis mostrado mi camino a través del vuestro. A las personas que me han permitido trabajar junto a ellos, gracias por confiar en mí. A mi equipo y a los trabajadores que caminan conmigo, gracias por la devoción; vuestra presencia es muy necesaria en este momento. A Hannah, Prue, Avni y Zoe: vuestro cariño me ayuda a brillar más en el mundo. A mi editora, que comprendió la idea de la pausa mejor que yo desde el principio y que ha tenido el talento y la gracia de ayudarme a crear este libro, gracias. Mi enorme agradecimiento al equipo editorial por vuestro amor a las palabras, vuestra pasión, creatividad y fe en el libro. A ASD por enseñarme lo que es el amor. Siempre te estaré agradecida. A la vida, a las fuerzas que nos guían: gracias por vuestros misteriosos caminos. Para terminar, gracias a todos los que han luchado en la vida: este libro está dedicado a vosotros. Espero que encontréis el flujo que está, para todos, siempre presente.